Antología poética

Contemporánea
Poesía

PABLO NERUDA

ANTOLOGÍA POÉTICA

Selección y prólogo de Rafael Alberti

Edición del texto de los poemas de
Darío Oses y Mario Verdugo

AUSTRAL

ESPASA

Espasa, un sello editorial de Editorial Planeta, S. A.
Avda. Diagonal, 662-664, 08034 Barcelona (España)
www.espasa.com
www.planetadelibros.com

Edición del texto de los poemas: Darío Oses y Mario Verdugo
Diseño de la cubierta: Austral / Área Editorial Grupo Planeta a partir de la idea de © Ian Campbell
Ilustración de la cubierta: Shutterstock
Primera edición: 8-X-2009
Primera en esta presentación: abril de 2025

Depósito legal: B. 5.767-2025
ISBN: 978-84-670-7692-9
Composición: Realización Planeta
Impresión y encuadernación: QP Print
Printed in Spain - Impreso en España

Biografía

Pablo Neruda (Parral, Chile, 1904 – Santiago de Chile, 1973) ha sido sin duda una de las voces más altas de la poesía mundial de nuestro tiempo. Desde el combate directo o desde la persecución y el exilio valerosamente arrostrados, la trayectoria del poeta, que en 1971 obtuvo el Premio Nobel, configura, a la vez que la evolución de un intelectual militante, una de las principales aventuras expresivas de la lírica en lengua castellana, sustentada en un poderío verbal inigualable que, de la indiscriminada inmersión en el mundo de las fuerzas telúricas originarias, se expandió a la fusión con el ámbito natal americano y supo cantar el instante amoroso que contiene el cosmos, el tiempo oscuro de la opresión y el tiempo encendido de la lucha. Una mirada que abarca a la vez la vastedad de los seres y el abismo interior del lenguaje: poeta total, Neruda pertenece ya a la tradición más viva de nuestra mayor poesía.

ÍNDICE

PRÓLOGO

Algunas breves imágenes de Pablo Neruda

Como cenizas, como mares poblándose...

Yo quiero traer aquí, en esta primavera madrileña y como introducción a la presente *Antología poética* de Pablo Neruda, algunas de sus imágenes, tanto de nuestra amistad como de su poesía, aquel inmenso arrebatado mar de su poesía, bamboleada por lluvias y huracanes de sus altas montañas andinas, sacudida por fuertes arenales invasores, agitada de bosques ensoñadores y crujientes, estremecida de latigazos sísmicos, de tanta luz nevada, de extraño territorio y minerales, repartidas islas, voces, soles, flores, rayos y sombras, toda ella, como contenida en aquel verso inicial de su primera *Residencia en la tierra*.

Como cenizas, como mares poblándose...

Y así también su imagen, que hoy, digo, quiero traer aquí, sacándola de entre los soles alegres, los vivos, claros, oscuros y dramáticos años de nuestra amistad.

Cuánto he sufrido, Pablo, por no haber estado contigo, acompañándote, cuando aullaban todas las furias sueltas que aquellas recién engalonadas panteras de tu país soltaron alrededor del vigilado lecho en el que lenta, desesperada y angustiosamente agonizabas hasta morirte, pocos días después de asesinado el presidente de todos los chilenos, tu gran amigo, Salvador Allende. Pero yo quiero imaginar que tú no has estado solo, que a tu cabecera y a tanta distancia de tu alcoba, acompañaban tu agonía, al lado de Matilde, tu ejemplar compañera, aquellos grandes que igual que tú sufrieron desvelados por sus pueblos, como Walt Whitman, Maiakovski, Machado, García Lorca, César Vallejo, Paul Éluard, Quasimodo, Miguel Hernández, entre los muertos o sacrificados, y también tantas voces líricas vivientes e inmensas multitudes que te amaban, que admiraron en ti tu conducta, tu fe, tu grandeza de poeta en aquel trance supremo de tu vida.

Tu vida, Pablo, aquella otra, la alegre, la optimista, cuando llegaste, apareciste por vez primera en Madrid, el día menos pensado, subiendo a aquella terraza mía en Marqués de Urquijo, desde donde la sierra guadarrameña me saludaba al fondo con sus níveos azules trasparentes. Aunque yo nunca entonces te había visto y llegabas sin avisar, comprendí rápidamente que eras tú, aquel mismo que me escribía cartas desesperadas desde su consulado chileno en Batavia (Java), sintiéndose muy solo, tan distanciado del mundo y de su propio idioma. Y eso que ya tú eras el inmenso poeta que había escrito *Residencia en la tierra*, cuyo manuscrito llegué a conocer por un amigo tuyo, secretario de la Embajada de Chile en Madrid. Desde su primera lectura me sorprendieron y admiraron aquellos poemas, tan lejos del acento y el clima de nuestra poesía. E intenté que se publicara. Tan extraordinaria revelación tenía que aparecer en España. Lo propuse a los pocos editores amigos. Fracaso. Entonces se lo di a Pedro Salinas para que él mismo tanteara a la *Revista de Occidente*. Pero Salinas también fracasó, logrando tan solo —menos mal— que la revista publicase algunos ejemplos de tu libro. Aumenté entonces mi correspondencia contigo. Tus respuestas eran cada vez más angustiosas, llegándome a pedirme en una de tus cartas disculpas por los errores gramaticales que pudiese encontrar en ellas. En París —ya en 1931— intenté todavía la publicación de tu *Residencia*. Una rica muchacha argentina —Elvira de Alvear— sería tu editora. Conseguí de Elvira la halagadora promesa de un adelanto. Con el escritor cubano Alejo Carpentier —entonces secretario suyo—, yo mismo fui a ponerte el cable anunciador: 5.000 francos. Pero *Residencia en la tierra* tampoco esta vez tuvo fortuna. No se publicó. Y cuando años después te conocí y hablé contigo, aquel mismo día que subiste a mi terraza madrileña, me dijiste, al acordarnos de aquella desgraciada historia, que el cable sí lo habías recibido, pero que el dinero jamás. Más tarde, ya tú en España, *Residencia en la tierra* fue publicado, con todos los honores, por José Bergamín, en la editorial de la revista *Cruz y Raya*, que él dirigía. Pero ya esto sucedió después de nuestro primer encuentro en Madrid. Me pediste aquel día, no más abrirte la puerta de mi casa, que te habías casado no hacía mucho con una javanesa, pero que no debía asombrarme de que aquella mujer era muy alta, muy grande, una verdadera giganta y, me repetiste, no se me debía escapar ningún gesto de admiración o extrañeza. Me sorprendió e hizo gracia aquella advertencia, encontrándola algo inocente y divertida. Pero después, cuando subiste ya con ella, comprendí realmente que se trataba de una giganta, una joven holando-javanesa, que al sentarse en una baja butaca se le incrustaron las rodillas en el mentón.

Desde aquel día ampliamos nuestra grande y casi diaria amistad. En seguida, para que te instalases en Madrid, te buscamos en nuestro barrio una casa que se llamaba, como hoy se sigue llamando, Casa de las Flores, que fue algo destruida durante la guerra, pero famosa desde entonces porque tú la habitaste y donde pasamos junto a ti las veladas más grandes, las noches más divertidas y maravillosas de aquellos años madrileños anteriores al levantamiento militar del 18 de julio de 1936. Yo, en alguna de mis viejas coplas de Juan Panadero, canto aquellas reuniones, presididas siempre por el vino tinto, el chinchón, el *whisky*, citando algunos de los nombres de los que acudíamos.

¡Oh noches providenciales!
El toro del vino tinto
daba cornadas mortales.

Puras noches nerudianas.
Miguel Hernández olía
a oveja y calzón de pana.

¿Y Federico? A canciones
con jardines de arrayanes
y con patios de limones.

Acario Cotapos... Siento
que el do re mi fa sol vuela
otra vez como un invento.

¿Y la callada pintura?
Manuel Ángeles reía
con toda la dentadura.

¡Qué tierno bandoneón
de cafetín marinero,
Raúl González Tuñón!

¡Casa alegre de las Flores!
Sobre Madrid, cómo abrías
ventanas y miradores.

Juan Panadero se calla.
Por Madrid corre la sangre
y el cielo llueve metralla.

Pero todavía faltaba algún tiempo para que la guerra civil estallase.

Tú, Pablo, una mañana de otoño me llamaste por teléfono.

—Mira, mi querido *confrero* (así me comenzaste a llamar desde entonces). Anoche he encontrado un perro maravilloso, en medio de una niebla cerrada. Está herido en una pata. Me siguió rengueando hasta la puerta de mi casa, suplicándome, conmovido, que lo ayudase o acogiese. Y aquí está conmigo. Es muy grande. Yo no puedo tenerlo aquí. Mi casa es pequeña. Tú tienes una gran terraza. Allí se curará y podrá correr. Lo llevaremos antes a un veterinario...

—Bien, bien —le dije—, tráemelo ahora mismo.

Y apareciste a los pocos minutos con el perro. ¡Qué digo un perro! Una inmensa flor gris, un tierno crisantemo plateado, con dos ojos perdidos, color tabaco. Pensamos en seguida en el nombre que le pondríamos. Y no tardamos mucho en encontrarlo. Se llamaría Niebla, no solo por su esfumado color sino porque había aparecido en una neblinosa noche de otoño. La pata se le entablilló y curó en poco tiempo. Corría y saltaba como un rayo de yerbas despeinadas. No se le podía mirar. Vivía siempre emocionado. Durante la guerra civil, lo llevé a la Alianza de Intelectuales, de la que yo era secretario. A pesar de la mucha hambre que pasó, se portó bien. Sufrió toda clase de bombardeos, acompañados de cascotes y lluvia de cristales. Cuando se agravó la situación de nuestro Madrid casi cercado, tuve que enviarlo a Castellón de la Plana con parte de mi familia. Al poco tiempo, la situación de Levante empeoró. Fue cortado el frente por la costa. La gente de Castellón tuvo que ser evacuada a Valencia, a toda prisa: en carros, en camiones militares, en coches... En la precipitación, Niebla debió extraviarse y no llegó al auto que llevaría a mi familia. No se supo más del perro. Seguramente sería fusilado por las tropas contrarias que llegaban.

Ahora voy a recordar cómo después de tu *Residencia en la tierra*, de tus *Cantos materiales*, de la publicación en España de tu revista *Caballo verde para la poesía*, de tanto lirismo delirante de hombre solo y atormentado, aunque aún desasido de otros fondos vitales que todavía no te tocaban, me trajiste tu primer poema desgarrado, y ya «comprometido hasta la medula», para aquella terrible guerra que tú ya estabas viviendo. Era el «Canto a las madres de los milicianos muertos», uno de los mejores poemas iniciales de tu nuevo libro *España en el corazón*, que Louis Aragon saludaría en Francia «como la introducción más gigantesca a la literatura moderna de nuestro tiempo». Niebla sabe muy bien de aquella tarde en que tú, Pablo, me trajiste ese poema. Todavía eras diplomático y me pediste lo publicásemos sin tu nombre, cosa que así hicimos en la página central de *El Mono Azul*, la revista de guerra, para los soldados, que publicaba nuestra Alianza de Intelectuales Antifascistas. Y luego ya, cuando Madrid fue salvajemente bombardeado, con tu barrio de Argüelles, donde se alzaba tu Casa de las Flores, pudiste ver entonces, Pablo, la sangre por las calles, la sangre de los niños por las calles, la sangre de todo el pueblo español por las calles, dejándote bañado de ella para siempre, para toda tu vida, que terminó, mientras también corría por las calles, mezclada a la de tu presidente, la sangre del arrojado y puro pueblo chileno.

> *¿Preguntaréis por qué su poesía*
> *no nos habla del sueño, de las hojas,*
> *de los grandes volcanes de su país natal?*

La inicial de tu compromiso con tu pueblo, con todos los pueblos del mundo, está llena de aquella primera sangre inocente que viste correr por las calles de España. La primera edición en nuestro país de *España en el corazón* salió en Cataluña, durante la batalla del Ebro, bajo la dirección del poeta Manuel Altolaguirre. Y cuando el Ejército del Centro, en Madrid, se disponía a publicarla también, bajo mi cuidado, el final de la guerra se precipitó, y ya no pudo aparecer, quedándose inédito el prólogo que yo había escrito para ella.

Acabada la guerra, ya en París, viví con Pablo en el quai de L'Horloge, a orillas del Sena. Neruda comenzó a organizar una nave, que se llamaba el Winnipeg, que llevaría a Chile más de 3.000 soldados nuestros, obreros especializados, sacados de los campos de concentración. Ya se sabía que se avecinaba la gran guerra y que el tratamiento que daban los franceses a nuestros prisioneros era en aquel momento terrible. Por centenares morían nuestras gentes todos los días. En los campos se corría la voz de que Neruda estaba organizando aquel viaje salvador. A propósito de esto recuerdo algo divertido en el fondo. Entre las miles de cartas que Pablo recibía todos los días, no he olvidado la de alguien de aquellos campos de concentración que quería halagar a Neruda para ver si así podía salvarlo. Le decía: «Gran poeta Pablo Neruda: yo sé que vuestra mujer es como un pajarito, un pequeño ruiseñor que canta cada mañana». Era una carta verdaderamente extraordinaria e inocente. Neruda se reía y al fin logró llevar en aquel barco a aquel soldado que creía que su mujer era un pajarito, un ruiseñor madruguero, cosa conmovedora, que dice mucho más que todo aquello que se puede decir de la política angustiosa de nuestro tiempo.

Mientras Neruda se ocupaba seriamente de su barco, continuaba siendo, por otra parte, el Neruda de siempre: un niño terrible, caprichoso, peligroso, porque Neruda tenía una enorme personalidad absorbente, y si uno caía en su órbita era difícil salir de la órbita de Neruda: te estrujaba, te hacía beber a su capricho. No era posible beber una sola botella, había que acompañarle en todas las que él quisiera. Y luego los numerosos *whisky*. Buscaba el *whisky* en donde no lo había, buscaba el vino chileno, que es buenísimo, donde no era fácil encontrarlo, creando con todo esto situaciones muy complicadas, difíciles tratándose de una amistad normal.

Quiero contar todavía cómo Neruda, en medio de aquella dramática preocupación del barco, le quedaba tiempo para tanta cosa extraña, divertida. Andando una vez por una callejuela de París, que se llama la rue du Chat qui pêche, había visto sobre la puerta de un modestísimo y pobre zapatero, una llave, una enorme llave de hierro que estaba atacada al muro por dos brazos que la sostenían. Pablo en seguida cayó en éxtasis. «¡Oh, *confrero*! —me dijo—, ¿has visto qué llave maravillosa? Yo quiero llevármela a Chile para mi colección de llaves.» «Pero es disparatado —le dije—. Tú ves cómo está aferrada al muro y no se puede.» Pero sin más entró donde el zapatero.

—Señor, usted tiene ahí fuera una gran llave...

El zapatero no recordaba que tenía una llave y menos de aquella medida. Y le dice:

—¿Cómo, señor, una llave?

—Sí, sí, venga conmigo. Yo quiero llevarme esa llave.

—¿Cómo quiere llevarse esa llave? ¡Qué absurdo! ¿Cómo se puede llevar esa llave? No es mía esa llave, señor.

—Pues yo me quiero llevar esa llave...

Volvimos a aquel callejón del «Gato que pesca» dos o tres veces más. A la quinta vez, Neruda llevó con él un albañil del Partido Comunista Francés que portaba una escalera, rompiendo el viejo muro en un instante. Con una sonrisa triunfal, Pablo ha tomado su llave, le ha dado al zapatero unos 500 francos de entonces, cosa que el zapatero aceptó contentísimo. Aquella llave, más tarde, la vi colgada en lugar preferente en una de las casas chilenas de Pablo, después que yo logré, por influencia consular suya, llegar a la Argentina.

A partir de la guerra de España, la imagen poética de Pablo se va agrandando hasta alcanzar ese inmenso ámbito universal, que será coronado, en diversos momentos, con dos premios: el Lenin y el Nobel, este último ya siendo embajador de Chile en París, bajo la presidencia de Salvador Allende. Puede decirse ahora, sin exageración, que la poesía del continente americano limita al norte con Walt Whitman y al sur con Pablo Neruda. En el centro, entre esos dos límites, estarían Rubén Darío y César Vallejo.

Durante mi destierro, que había de durar como el de tantos españoles, casi treinta y nueve años, me encontré con Pablo en diversas partes del mundo: en Chile, en la Argentina, en el Uruguay, en Francia, en Italia, en Checoslovaquia, en Polonia, en Rumania, en la URSS, pero nunca en España, con la que tanto nuestro corazón había soñado. Y en todas partes por donde él pasaba dejaba su imborrable huella, su imagen de poeta caprichoso, infantil, de coleccionista obsesionado, de sus ansias de llevarse consigo todo aquello que le gustaba o impresionaba a su imaginación.

Todavía dos graciosas ocurrencias de Pablo.

Durante su viaje a Pekín, pidió en el hotel donde se hospedaba una botella de vino chileno, cosa que los pobres y atónitos chinos no tenían. Pero Pablo les dijo que tal botella la había visto en un restorán de Shanghái. Y, cosa mágica, a los tres días aquellos misteriosos chinos condescendientes le dieron a Neruda la sorpresa de decorar el centro de la mesa en que comía con un cesto de flores del que surgía la única botella de vino chileno que existía en todo el territorio de China.

Otra vez, en Brasil, creo que en Río de Janeiro, descubrió en el zoológico un maravilloso y relampagueante tucán, que deseó al punto llevárselo a su jardín de Santiago. Insistió, insistió hasta lo intolerable. Y el pobre tucán de ardientes soles tropicales fue a dar al fin a Santiago de Chile, en donde a pesar de todos los cuidados y las temperaturas propias para sostenerlo, falleció, pensando seguramente en sus cielos profundos y cegadores.

Pablo, cuánto te recordamos y amamos los poetas españoles, qué orgullosos estamos de tu inmensa voz engarzada a las nuestras. Tú exaltaste la imagen de Federico, a quien querías y admirabas infinitamente. Tú apreciaste el diamante de Góngora, te sentiste en lo hondo de Quevedo, en la gracia amorosa y aventurera de Villamediana. Tú ayudaste a modelar la figura culta y silvestre de Miguel Hernández, de quien llegaste a hablar como de un hijo, un hijo grande y desgraciado al que no pudiste salvar.

Ahora, aquí, al doblar esta página, Pablo, espera al que ya te conoce o va a leerte por vez primera, una breve muestra antológica del inmenso torrente andino de tu poesía. Difícil elegir, difícil desechar. Pero aquí están los poemas que nos parecieron más hermosos, más claros y perfiladores de tu obra en aquellos días en que los elegimos.

RAFAEL ALBERTI,
Madrid, primavera de 1981

PERMANENCIA DE PABLO NERUDA

En el mar, en la tierra,
en los pueblos perdidos,
en las grandes ciudades,
en las naciones,
siempre tu nombre, tú,
tu estrella inextinguible,
tu fulgurante ejemplo.
Es dulce y es alegre y amargo hasta las lágrimas
encontrarte,
saber que tu presencia es más fuerte que todo,
que habla por ti tu verso,
su ondear infinito,
prendiendo el corazón,
arrebatándolo
a altas cimas de paz
o sacudiéndolo hasta dura coraza indeclinable.
No,
tú no tienes, hermano,
que retornar, tu ida,
a pesar de la sangre por las calles,
en medio de tu muerte,
no se cumplió, jamás

saliste de tu cuerpo
y es tu cuerpo, su voz,
es tu encendido espacio el que cae cada día,
cada alba del viento,
en el mar, en la tierra,
en los pueblos perdidos,
en las grandes ciudades,
en las naciones...

Rafael Alberti

NOTA A LA EDICIÓN DE 2025

El texto de los poemas que el presente volumen reproduce es el de la edición de la poesía completa de Pablo Neruda a cargo de Darío Oses y Mario Verdugo (Seix Barral, Santiago de Chile, 2018, 2019, 2020 y 2021).

ANTOLOGÍA POÉTICA

CREPUSCULARIO

[1920-1923]

FAREWELL Y LOS SOLLOZOS

FAREWELL

1

Desde el fondo de ti, y arrodillado,
un niño triste, como yo, nos mira.

Por esa vida que arderá en sus venas
tendrían que amarrarse nuestras vidas.

Por esas manos, hijas de tus manos,
tendrían que matar las manos mías.

Por sus ojos abiertos en la tierra
veré en los tuyos lágrimas un día.

2

Yo no lo quiero, Amada.

Para que nada nos amarre
que no nos una nada.

Ni la palabra que aromó tu boca,
ni lo que no dijeron las palabras.

Ni la fiesta de amor que no tuvimos,
ni tus sollozos junto a la ventana.

3

(Amo el amor de los marineros
que besan y se van.

Dejan una promesa.
No vuelven nunca más.

En cada puerto una mujer espera:
los marineros besan y se van.

Una noche se acuestan con la muerte
en el lecho del mar.

4

Amo el amor que se reparte
en besos, lecho y pan.

Amor que puede ser eterno
y puede ser fugaz.

Amor que quiere libertarse
para volver a amar.

Amor divinizado que se acerca.
Amor divinizado que se va).

5

Ya no se encantarán mis ojos en tus ojos,
ya no se endulzará junto a ti mi dolor.

Pero hacia donde vaya llevaré tu mirada
y hacia donde camines llevarás mi dolor.

Fui tuyo, fuiste mía. Qué más? Juntos hicimos
un recodo en la ruta donde el amor pasó.

Fui tuyo, fuiste mía. Tú serás del que te ame,
del que corte en tu huerto lo que he sembrado yo.

Yo me voy. Estoy triste: pero siempre estoy triste.
Vengo desde tus brazos. No sé hacia dónde voy.

... Desde tu corazón me dice adiós un niño.
Y yo le digo adiós.

LOS JUGADORES

Juegan, juegan.
Agachados, arrugados, decrépitos.

Este hombre torvo
junto a los mares de su patria, más lejana que el sol,
cantó bellas canciones.

Canción de la belleza de la tierra,
canción de la belleza de la Amada,
canción, canción
que no precisa fin.

Este otro de la mano en la frente,
pálido como la última hoja de un árbol,
debe tener hijas rubias
de carne apretada,
granada,
rosada.

Juegan, juegan,

Los miro entre la vaga bruma del gas y el humo.
Y mirando estos hombres sé que la vida es triste.

VENTANA AL CAMINO

CAMPESINA

Entre los surcos tu cuerpo moreno
es un racimo que a la tierra llega.
Torna los ojos, mírate los senos,
son dos semillas ácidas y ciegas.

Tu carne es tierra que será madura
cuando el otoño te tienda las manos,
y el surco que será tu sepultura
temblará, temblará, como un humano

al recibir tus carnes y tus huesos
—rosas de pulpa con rosas de cal:
rosas que en el primero de los besos
vibraron como un vaso de cristal—.

La palabra de qué concepto pleno
será tu cuerpo? No lo he de saber!
Torna los ojos, mírate los senos,
tal vez no alcanzarás a florecer.

VEINTE POEMAS DE AMOR Y UNA CANCIÓN DESESPERADA

[1923-1924]

LOS VEINTE POEMAS

1

En su llama mortal la luz te envuelve.
Absorta, pálida doliente, así situada
contra las viejas hélices del crepúsculo
que en torno a ti da vueltas.

Muda, mi amiga,
sola en lo solitario de esta hora de muertes
y llena de las vidas del fuego,
pura heredera del día destruido.

Del sol cae un racimo en tu vestido oscuro.
De la noche las grandes raíces
crecen de súbito desde tu alma,
y a lo exterior regresan las cosas en ti ocultas,
de modo que un pueblo pálido y azul
de ti recién nacido se alimenta.

Oh grandiosa y fecunda y magnética esclava
del círculo que en negro y dorado sucede:

erguida, trata y logra una creación tan viva
que sucumben sus flores, y llena es de tristeza.

2

Ah vastedad de pinos, rumor de olas quebrándose,
lento juego de luces, campana solitaria,
crepúsculo cayendo en tus ojos, muñeca,
caracola terrestre, en ti la tierra canta!

En ti los ríos cantan y mi alma en ellos huye
como tú lo desees y hacia donde tú quieras.
Márcame mi camino en tu arco de esperanza
y soltaré en delirio mi bandada de flechas.

En torno a mí estoy viendo tu cintura de niebla
y tu silencio acosa mis horas perseguidas,
y eres tú con tus brazos de piedra transparente
donde mis besos anclan y mi húmeda ansia anida.

Ah tu voz misteriosa que el amor tiñe y dobla
en el atardecer resonante y muriendo!
Así en horas profundas sobre los campos he visto
doblarse las espigas en la boca del viento.

3

Te recuerdo como eras en el último otoño.
Eras la boina gris y el corazón en calma.
En tus ojos peleaban las llamas del crepúsculo.
Y las hojas caían en el agua de tu alma.

Apegada a mis brazos como una enredadera,
las hojas recogían tu voz lenta y en calma.
Hoguera de estupor en que mi sed ardía.
Dulce jacinto azul torcido sobre mi alma.

Siento viajar tus ojos y es distante el otoño:
boina gris, voz de pájaro y corazón de casa
hacia donde emigraban mis profundos anhelos
y caían mis besos alegres como brasas.

Cielo desde un navío. Campo desde los cerros.
Tu recuerdo es de luz, de humo, de estanque en calma!
Más allá de tus ojos ardían los crepúsculos.
Hojas secas de otoño giraban en tu alma.

4

He ido marcando con cruces de fuego
el atlas blanco de tu cuerpo.
Mi boca era una araña que cruzaba escondiéndose.
En ti, detrás de ti, temerosa, sedienta.

Historias que contarte a la orilla del crepúsculo,
muñeca triste y dulce, para que no estuvieras triste.
Un cisne, un árbol, algo lejano y alegre.
El tiempo de las uvas, el tiempo maduro y frutal.

Yo que viví en un puerto desde donde te amaba.
La soledad cruzada de sueño y de silencio.
Acorralado entre el mar y la tristeza.
Callado, delirante, entre dos gondoleros inmóviles.

Entre los labios y la voz, algo se va muriendo.
Algo con alas de pájaro, algo de angustia y de olvido.

Así como las redes no retienen el agua.
Muñeca mía, apenas quedan gotas temblando.
Sin embargo, algo canta entre estas palabras fugaces.
Algo canta, algo sube hasta mi ávida boca.
Oh poder celebrarte con todas las palabras de alegría.
Cantar, arder, huir, como un campanario en las manos
de un loco.
Triste ternura mía, qué te haces de repente?
Cuando he llegado al vértice más atrevido y frío
mi corazón se cierra como una flor nocturna.

5

Juegas todos los días con la luz del universo.
Sutil visitadora, llegas en la flor y en el agua.
Eres más que esta blanca cabecita que aprieto
como un racimo entre mis manos cada día.

A nadie te pareces desde que yo te amo.
Déjame tenderte entre guirnaldas amarillas.
Quién escribe tu nombre con letras de humo entre las
estrellas del sur?
Ah déjame recordarte cómo eras entonces, cuando aún
no existías.

De pronto el viento aúlla y golpea mi ventana cerrada.
El cielo es una red cuajada de peces sombríos.
Aquí vienen a dar todos los vientos, todos.
Se desviste la lluvia.
Pasan huyendo los pájaros.
El viento. El viento.
Yo solo puedo luchar contra la fuerza de los hombres.
El temporal arremolina hojas oscuras
y suelta todas las barcas que anoche amarraron al cielo.

Tú estás aquí. Ah tú no huyes.
Tú me responderás hasta mi último grito.
Ovíllate a mi lado como si tuvieras miedo.
Sin embargo alguna vez corrió una sombra extraña por
tus ojos.
Ahora, ahora también, pequeña, me traes madreselvas,
y tienes hasta los senos perfumados.
Mientras el viento triste galopa matando mariposas
yo te amo, y mi alegría muerde tu boca de ciruela.

Cuánto te habrá dolido acostumbrarte a mí,
a mi alma sola y salvaje, a mi nombre que todos
ahuyentan.
Hemos visto arder tantas veces el lucero besándonos los
ojos
y sobre nuestras cabezas destorcerse los crepúsculos en
abanicos girantes.

Mis palabras llovieron sobre ti acariciándote.
Amé desde hace tiempo tu cuerpo de nácar soleado.
Hasta te creo dueña del universo.
Te traeré de las montañas flores alegres, copihues,
avellanas oscuras, y cestas silvestres de besos.

Quiero hacer contigo
lo que la primavera hace con los cerezos.

6

Me gustas cuando callas porque estás como ausente,
y me oyes desde lejos, y mi voz no te toca.
Parece que los ojos se te hubieran volado
y parece que un beso te cerrara la boca.

Como todas las cosas están llenas de mi alma
emerges de las cosas, llena del alma mía.
Mariposa de sueño, te pareces a mi alma,
y te pareces a la palabra melancolía.

Me gustas cuando callas y estás como distante.
Y estás como quejándote, mariposa en arrullo.
Y me oyes desde lejos, y mi voz no te alcanza:
déjame que me calle con el silencio tuyo.

Déjame que te hable también con tu silencio
claro como una lámpara, simple como un anillo.
Eres como la noche, callada y constelada.
Tu silencio es de estrella, tan lejano y sencillo.

Me gustas cuando callas porque estás como ausente.
Distante y dolorosa como si hubieras muerto.
Una palabra entonces, una sonrisa bastan.
Y estoy alegre, alegre de que no sea cierto.

7

Aquí te amo.
En los oscuros pinos se desenreda el viento.
Fosforece la luna sobre las aguas errantes.
Andan días iguales persiguiéndose.

Se desciñe la niebla en danzantes figuras.
Una gaviota de plata se descuelga del ocaso.
A veces una vela. Altas, altas estrellas.
O la cruz negra de un barco.
Solo.
A veces amanezco, y hasta mi alma está húmeda.
Suena, resuena el mar lejano.

Este es un puerto.
Aquí te amo.

Aquí te amo y en vano te oculta el horizonte.
Te estoy amando aún entre estas frías cosas.
A veces van mis besos en esos barcos graves,
que corren por el mar hacia donde no llegan.
Ya me veo olvidado como estas viejas anclas.
Son más tristes los muelles cuando atraca la tarde.
Se fatiga mi vida inútilmente hambrienta.
Amo lo que no tengo. Estás tú tan distante.
Mi hastío forcejea con los lentos crepúsculos.
Pero la noche llega y comienza a cantarme.
La luna hace girar su rodaje de sueño.

Me miran con tus ojos las estrellas más grandes.
Y como yo te amo, los pinos en el viento,
quieren cantar tu nombre con sus hojas de alambre.

8

Puedo escribir los versos más tristes esta noche.

Escribir, por ejemplo: «La noche está estrellada,
y tiritan, azules, los astros, a lo lejos».

El viento de la noche gira en el cielo y canta.

Puedo escribir los versos más tristes esta noche.
Yo la quise, y a veces ella también me quiso.

En las noches como esta la tuve entre mis brazos.
La besé tantas veces bajo el cielo infinito.

Ella me quiso, a veces yo también la quería.
Cómo no haber amado sus grandes ojos fijos.

Puedo escribir los versos más tristes esta noche.
Pensar que no la tengo. Sentir que la he perdido.

Oír la noche inmensa, más inmensa sin ella.
Y el verso cae al alma como al pasto el rocío.

Qué importa que mi amor no pudiera guardarla.
La noche está estrellada y ella no está conmigo.

Eso es todo. A lo lejos alguien canta. A lo lejos.
Mi alma no se contenta con haberla perdido.

Como para acercarla mi mirada la busca.
Mi corazón la busca, y ella no está conmigo.

La misma noche que hace blanquear los mismos árboles.
Nosotros, los de entonces, ya no somos los mismos.

Ya no la quiero, es cierto, pero cuánto la quise.
Mi voz buscaba el viento para tocar su oído.

De otro. Será de otro. Como antes de mis besos.
Su voz, su cuerpo claro. Sus ojos infinitos.

Ya no la quiero, es cierto, pero tal vez la quiero.
Es tan corto el amor, y es tan largo el olvido.

Porque en noches como esta la tuve entre mis brazos,
mi alma no se contenta con haberla perdido.

Aunque este sea el último dolor que ella me causa,
y estos sean los últimos versos que yo le escribo.

TENTATIVA DEL HOMBRE INFINITO

a quién compré en esta noche la soledad que poseo
quién dice la orden que apresure la marcha
del viento flor de frío entre las hojas inconclusas
si tú me llamas tormenta resuenas tan lejos como un tren
ola triste caída a mis pies quién te dice
sonámbulo de sangre partía cada vez en busca del alba

a ti te reconozco pero lejos apartada
inclinado en tus ojos busco el ancla perdida
ahí la tienes florida adentro de los brazos de nácar
es para terminar para no seguir nunca
y por eso te alabo seguidora de mi alma mirándote hacia
atrás
te busco cada vez entre los signos del regreso
estás llena de pájaros durmiendo como el silencio de los
bosques
pesado y triste lirio miras hacia otra parte
cuando te hablo me dueles tan distante mujer mía
apresura el paso apresura el paso y enciende las
luciérnagas

veo una abeja rondando no existe esa abeja ahora
pequeña mosca con patas lacres mientras golpeas cada
vez tu vuelo
inclino la cabeza desvalidamente
sigo un cordón que marca siquiera una presencia una
situación cualquiera
oigo adornarse el silencio con olas sucesivas
revuelven vuelven ecos aturdidos entonces canto en alta voz
párate sombra de estrella en las cejas de un hombre a la
vuelta de un camino
que lleva a la espalda una mujer pálida de oro parecida a
sí misma
todo está perdido las semanas están cerradas
veo dirigirse el viento con un propósito seguro
como una flor que debe perfumar
abro el otoño taciturno visito la situación de los
naufragios
en el fondo del cielo entonces aparecen los pájaros como
letras
y el alba se divisa apenas como la cáscara de un fruto
o es que entonces sumerges tus pies en otra distancia
el día es de fuego y se apuntala en sus colores
el mar lleno de trapos verdes sus salivas murmullan soy
el mar
el movimiento atraído la inquieta caja
tengo fresca el alma con todas mis respiraciones
ahí sofoco al lado de las noches antárticas
me pongo la luna como una flor de jacinto la moja mi
lágrima lúgubre
ahíto estoy y anda mi vida con todos los pies parecidos
crío el sobresalto me lleno de terror transparente
estoy solo en una pieza sin ventanas
sin tener qué hacer con los itinerarios extraviados
veo llenarse de caracoles las paredes como orillas de
buques

pego la cara a ellas absorto profundamente
siguiendo un reloj no amando la noche quiero que
pase
con su tejido de culebra con luces
guirnalda de fríos mi cinturón da vuelta muchas veces
soy la yegua que sola galopa perdidamente a la siga del
alba muy triste
agujero sin cesar cuando acompaño con mi sordera
estremeciéndose
saltan como elásticos o peces los habitantes acostados
mis alas absorben como el pabellón de un parque con
olvido
amanecen los puertos como herraduras abandonadas
ay me sorprendo canto en la carpa delirante
como un equilibrista enamorado o el primer pescador
pobre hombre que aíslas temblando como una gota
un cuadrado de tiempo completamente inmóvil

el mes de junio se extendió de repente en el tiempo con
seriedad y exactitud
como un caballo y en el relámpago crucé la orilla
ay el crujir del aire pacífico era muy grande
los cinematógrafos desocupados el color de los
cementerios
los buques destruidos las tristezas
encima de los follajes
encima de las astas de las vacas la noche tirante su trapo
bailando
el movimiento rápido del día igual al de las manos que
detienen un vehículo
yo asustado comía
oh lluvia que creces como las plantas oh victrolas
ensimismadas

personas de corazón voluntarioso todo lo celebré
en un tren de satisfacciones desde donde mi retrato
tiene detrás el mundo que describo con pasión
los árboles interesantes como periódicos los caseríos los
rieles
ay el lugar decaído en que el arco iris
deja su pollera enredada al huir
todo como los poetas los filósofos las parejas que se
aman
yo lo comienzo a celebrar entusiasta sencillo
yo tengo la alegría de los panaderos contentos y entonces
amanecía débilmente con un color de violín
con un sonido de campana en el olor de la larga distancia

devuélveme la grande rosa la sed traída al mundo
a donde voy supongo iguales las cosas
la noche importante y triste y ahí mi querella
barcarolero de las largas aguas cuando
de pronto una gaviota crece en tus sienes mi corazón está
cansado
márcame tu pata gris llena de lejos
tu viaje de la orilla del mar amargo oh espérame
el vaho se despierta como una violeta es que
a tu árbol noche querida sube un niño
a robarse las frutas
y los lagartos brotan de tu pesada vestidura
entonces el día salta encima de su abeja
estoy de pie en la luz como el mediodía en la tierra
quiero contarlo todo con ternura
centinela de las malas estaciones ahí estás tú
pescador intranquilo déjame adornarte por ejemplo
un cinturón de frutas dulce la melancolía
espérame donde voy ah el atardecer

la comida las barcarolas del océano oh espérame
adelantándote como un grito atrasándote como una
huella oh espérate
sentado en esa última sombra o todavía después todavía

EL HONDERO ENTUSIASTA

1

Amiga, no te mueras!
Óyeme estas palabras que me salen ardiendo,
y que nadie diría si yo no las dijera.

Amiga, no te mueras!

Yo soy el que te espera en la estrellada noche.
El que bajo el sangriento sol poniente te espera.

Miro caer los frutos en la tierra sombría.
Miro bailar las gotas del rocío en las hierbas.

En la noche al espeso perfume de las rosas,
cuando danza la ronda de las sombras inmensas.

Bajo el cielo del Sur, el que te espera cuando
el aire de la tarde como una boca besa.

Amiga, no te mueras!

Yo soy el que cortó las guirnaldas rebeldes
para el lecho selvático fragante a sol y a selva.

El que trajo en los brazos jacintos amarillos.
Y rosas desgarradas. Y amapolas sangrientas.

El que cruzó los brazos por esperarte, ahora.
El que quebró sus arcos. El que dobló sus flechas.

Yo soy el que en los labios guarda sabor de uvas.
Racimos refregados. Mordeduras bermejas.

El que te llama desde las llanuras brotadas.
Yo soy el que en la hora del amor te desea.

El aire de la tarde cimbra las ramas altas.
Ebrio, mi corazón, bajo Dios, tambalea.

El río desatado rompe a llorar y a veces
se adelgaza su voz y se hace pura y trémula.

Retumba, atardecida, la queja azul del agua.
Amiga, no te mueras!

Yo soy el que te espera en la estrellada noche,
sobre las playas áureas, sobre las rubias eras.

El que cortó jacintos para tu lecho, y rosas.
Tendido entre las hierbas yo soy el que te espera!

2

Es cierto, amada mía, hermana mía, es cierto!
Como las bestias grises que en los potreros pastan,
y en los potreros se aman, como las bestias grises!

Como las castas ebrias que poblaron la tierra
matándose y amándose, como las castas ebrias!

Como el latido de las corolas abiertas
dividiendo la joya futura de la siembra,
como el latido de las corolas abiertas!

Empujado por los designios de la tierra
como una ola en el mar hacia ti va mi cuerpo.

Y tú en tu carne, encierras
las pupilas sedientas con que miraré cuando
estos ojos que tengo se me llenen de tierra!

RESIDENCIA EN LA TIERRA

I

[1925-1931]

GALOPE MUERTO

Como cenizas, como mares poblándose,
en la sumergida lentitud, en lo informe,
o como se oyen desde el alto de los caminos
cruzar las campanadas en cruz,
teniendo ese sonido ya aparte del metal,
confuso, pesando, haciéndose polvo
en el mismo molino de las formas demasiado lejos,
o recordadas o no vistas,
y el perfume de las ciruelas que rodando a tierra
se pudren en el tiempo, infinitamente verdes.

Aquello todo tan rápido, tan viviente,
inmóvil sin embargo, como la polea loca en sí misma,
esas ruedas de los motores, en fin.
Existiendo como las puntadas secas en las costuras del árbol,
callado, por alrededor, de tal modo,
mezclando todos los limbos sus colas.
Es que de dónde, por dónde, en qué orilla?
El rodeo constante, incierto, tan mudo,
como las lilas alrededor del convento,
o la llegada de la muerte a la lengua del buey
que cae a tumbos, guardabajo, y cuyos cuernos quieren
sonar.

Por eso, en lo inmóvil, deteniéndose, percibir,
entonces, como aleteo inmenso, encima,
como abejas muertas o números,
ay, lo que mi corazón pálido no puede abarcar,
en multitudes, en lágrimas saliendo apenas,
y esfuerzos humanos, tormentas,
acciones negras descubiertas de repente
como hielos, desorden vasto,
oceánico, para mí que entro cantando
como con una espada entre indefensos.

Ahora bien, de qué está hecho ese surgir de palomas
que hay entre la noche y el tiempo, como una barranca
húmeda?
Ese sonido ya tan largo
que cae listando de piedras los caminos,
más bien, cuando solo una hora
crece de improviso, extendiéndose sin tregua.

Adentro del anillo del verano
una vez los grandes zapallos escuchan,
estirando sus plantas conmovedoras,
de eso, de lo que solicitándose mucho,
de lo lleno, obscuros de pesadas gotas.

CABALLO DE LOS SUEÑOS

Innecesario, viéndome en los espejos,
con un gusto a semanas, a biógrafos, a papeles,
arranco de mi corazón al capitán del infierno,
establezco cláusulas indefinidamente tristes.

Vago de un punto a otro, absorbo ilusiones,
converso con los sastres en sus nidos:

ellos, a menudo, con voz fatal y fría,
cantan y hacen huir los maleficios.

Hay un país extenso en el cielo
con las supersticiosas alfombras del arco iris
y con vegetaciones vesperales:
hacia allí me dirijo, no sin cierta fatiga,
pisando una tierra removida de sepulcros un tanto frescos,
yo sueño entre esas plantas de legumbre confusa.

Paso entre documentos disfrutados, entre orígenes,
vestido como un ser original y abatido:
amo la miel gastada del respeto,
el dulce catecismo entre cuyas hojas
duermen violetas envejecidas, desvanecidas,
y las escobas, conmovedoras de auxilio,
en su apariencia hay, sin duda, pesadumbre y certeza.
Yo destruyo la rosa que silba y la ansiedad raptora:
yo rompo extremos queridos: y aún más,
aguardo el tiempo uniforme, sin medida:
un sabor que tengo en el alma me deprime.

Qué día ha sobrevenido! Qué espesa luz de leche,
compacta, digital, me favorece!
He oído relinchar su rojo caballo
desnudo, sin herraduras y radiante.
Atravieso con él sobre las iglesias,
galopo los cuarteles desiertos de soldados
y un ejército impuro me persigue.
Sus ojos de eucaliptus roban sombra,
su cuerpo de campana galopa y golpea.

Yo necesito un relámpago de fulgor persistente,
un deudo festival que asuma mis herencias.

UNIDAD

Hay algo denso, unido, sentado en el fondo,
repitiendo su número, su señal idéntica.
Cómo se nota que las piedras han tocado el tiempo,
en su fina materia hay olor a edad,
y el agua que trae el mar, de sal y sueño.

Me rodea una misma cosa, un solo movimiento:
el peso del mineral, la luz de la piel,
se pegan al sonido de la palabra noche:
la tinta del trigo, del marfil, del llanto,
las cosas de cuero, de madera, de lana,
envejecidas, desteñidas, uniformes,
se unen en torno a mí como paredes.

Trabajo sordamente, girando sobre mí mismo,
como el cuervo sobre la muerte, el cuervo de luto.
Pienso, aislado en lo extenso de las estaciones,
central, rodeado de geografía silenciosa:
una temperatura parcial cae del cielo,
un extremo imperio de confusas unidades
se reúne rodeándome.

SABOR

De falsas astrologías, de costumbres un tanto
lúgubres,
vertidas en lo inacabable y siempre llevadas al lado,
he conservado una tendencia, un sabor solitario.

De conversaciones gastadas como usadas maderas,
con humildad de sillas, con palabras ocupadas
en servir como esclavos de voluntad secundaria,

teniendo esa consistencia de la leche, de las semanas
muertas,
del aire encadenado sobre las ciudades.

Quién puede jactarse de paciencia más sólida?
La cordura me envuelve de piel compacta
de un color reunido como una culebra:
mis criaturas nacen de un largo rechazo:
ay, con un solo alcohol puedo despedir este día
que he elegido, igual entre los días terrestres.

Vivo lleno de una sustancia de color común, silenciosa
como una vieja madre, una paciencia fija
como sombra de iglesia o reposo de huesos.
Voy lleno de esas aguas dispuestas profundamente,
preparadas, durmiéndose en una atención triste.

En mi interior de guitarra hay un aire viejo,
seco y sonoro, permanecido, inmóvil,
como una nutrición fiel, como humo:
un elemento en descanso, un aceite vivo:
un pájaro de rigor cuida mi cabeza:
un ángel invariable vive en mi espada.

ÁNGELA ADÓNICA

Hoy me he tendido junto a una joven pura
como a la orilla de un océano blanco,
como en el centro de una ardiente estrella
de lento espacio.

De su mirada largamente verde
la luz caía como un agua seca

en transparentes y profundos círculos
de fresca fuerza.

Su pecho como un fuego de dos llamas
ardía en dos regiones levantado,
y en doble río llegaba a sus pies
grandes y claros.

Un clima de oro maduraba apenas
las diurnas longitudes de su cuerpo
llenándolo de frutas extendidas
y oculto fuego.

CABALLERO SOLO

Los jóvenes homosexuales y las muchachas amorosas,
y las largas viudas que sufren el delirante insomnio,
y las jóvenes señoras preñadas hace treinta horas,
y los roncos gatos que cruzan mi jardín en tinieblas,
como un collar de palpitantes ostras sexuales
rodean mi residencia solitaria,
como enemigos establecidos contra mi alma,
como conspiradores en traje de dormitorio
que cambiaran largos besos espesos por consigna.

El radiante verano conduce a los enamorados
en uniformes regimientos melancólicos,
hechos de gordas y flacas y alegres y tristes parejas:
bajo los elegantes cocoteros, junto al océano y la luna
hay una continua vida de pantalones y polleras,
un rumor de medias de seda acariciadas,
y senos femeninos que brillan como ojos.

El pequeño empleado, después de mucho,

después del tedio semanal, y las novelas leídas de noche,
en cama,
ha definitivamente seducido a su vecina,
y la lleva a los miserables cinematógrafos
donde los héroes son potros o príncipes apasionados,
y acaricia sus piernas llenas de dulce vello
con sus ardientes y húmedas manos que huelen a
cigarrillo.

Los atardeceres del seductor y las noches de los esposos
se unen como dos sábanas sepultándome,
y las horas después del almuerzo en que los jóvenes
estudiantes,
y las jóvenes estudiantes, y los sacerdotes se masturban,
y los animales fornican directamente,
y las abejas huelen a sangre, y las moscas zumban
coléricas,
y los primos juegan extrañamente con sus primas,
y los médicos miran con furia al marido de la joven
paciente,
y las horas de la mañana en que el profesor, como por
descuido,
cumple con su deber conyugal, y desayuna,
y, más aún, los adúlteros, que se aman con verdadero
amor
sobre lechos altos y largos como embarcaciones:
seguramente, eternamente me rodea
este gran bosque respiratorio y enredado
con grandes flores como bocas y dentaduras
y negras raíces en forma de uñas y zapatos.

RITUAL DE MIS PIERNAS

Largamente he permanecido mirando mis largas piernas
con ternura infinita y curiosa, con mi acostumbrada
pasión,
como si hubieran sido las piernas de una mujer divina
profundamente sumida en el abismo de mi tórax:
y es que, la verdad, cuando el tiempo, el tiempo pasa,
sobre la tierra, sobre el techo, sobre mi impura cabeza,
y pasa, el tiempo pasa, y en mi lecho no siento de noche
que
una mujer está respirando, durmiendo, desnuda y a mi
lado,
entonces, extrañas, oscuras cosas toman el lugar de la
ausente,
viciosos, melancólicos pensamientos
siembran pesadas posibilidades en mi dormitorio,
y así, pues, miro mis piernas como si pertenecieran a
otro cuerpo,
y fuerte y dulcemente estuvieran pegadas a mis entrañas.

Como tallos o femeninas, adorables cosas,
desde las rodillas suben, cilíndricas y espesas,
con turbado y compacto material de existencia,
como brutales, gruesos brazos de diosa,
como árboles monstruosamente vestidos de seres
humanos,
como fatales, inmensos labios sedientos y tranquilos,
son allí la mejor parte de mi cuerpo:
lo enteramente substancial, sin complicado contenido
de sentidos o tráqueas o intestinos o ganglios:
nada, sino lo puro, lo dulce y espeso de mi propia vida,
nada, sino la forma y el volumen existiendo,
guardando la vida, sin embargo, de una manera
completa.

Las gentes cruzan el mundo en la actualidad
sin apenas recordar que poseen un cuerpo y en él la vida,
y hay miedo, hay miedo en el mundo de las palabras que
designan el cuerpo,
y se habla favorablemente de la ropa,
de pantalones es posible hablar, de trajes,
y de ropa interior de mujer (de medias y ligas de
«señora»),
como si por las calles fueran las prendas y los trajes
vacíos por completo
y un oscuro y obsceno guardarropas ocupara el mundo.

Tienen existencia los trajes, color, forma, designio,
y profundo lugar en nuestros mitos, demasiado lugar,
demasiados muebles y demasiadas habitaciones hay en el
mundo,
y mi cuerpo vive entre y bajo tantas cosas abatido,
con un pensamiento fijo de esclavitud y de cadenas.

Bueno, mis rodillas, como nudos,
particulares, funcionarios, evidentes,
separan las mitades de mis piernas en forma seca:
y en realidad dos mundos diferentes, dos sexos
diferentes
no son tan diferentes como las dos mitades de mis
piernas.

Desde la rodilla hasta el pie una forma dura,
mineral, fríamente útil aparece,
una criatura de hueso y persistencia,
y los tobillos no son ya sino el propósito desnudo,
la exactitud y lo necesario dispuestos en definitiva.

Sin sensualidad, cortas y duras, y masculinas,
son allí mis piernas, y dotadas

de grupos musculares como animales complementarios,
y allí también una vida, una sólida, sutil, aguda vida
sin temblar permanece, aguardando y actuando.

En mis pies cosquillosos,
y duros como el sol, y abiertos como flores,
y perpetuos, magníficos soldados
en la guerra gris del espacio,
todo termina, la vida termina definitivamente en mis
pies,
lo extranjero y lo hostil allí comienza,
los nombres del mundo, lo fronterizo y lo remoto,
lo sustantivo y lo adjetivo que no caben en mi corazón,
con densa y fría constancia allí se originan.

Siempre,
productos manufacturados, medias, zapatos,
o simplemente aire infinito,
habrá entre mis pies y la tierra
extremando lo aislado y lo solitario de mi ser,
algo tenazmente supuesto entre mi vida y la tierra,
algo abiertamente invencible y enemigo.

RESIDENCIA EN LA TIERRA

II

[1931-1935]

SOLO LA MUERTE

Hay cementerios solos,
tumbas llenas de huesos sin sonido,
el corazón pasando un túnel
oscuro, oscuro, oscuro,
como un naufragio hacia adentro nos morimos,
como ahogarnos en el corazón,
como irnos cayendo desde la piel al alma.

Hay cadáveres,
hay pies de pegajosa losa fría,
hay la muerte en los huesos,
como un sonido puro,
como un ladrido sin perro,
saliendo de ciertas campanas, de ciertas tumbas,
creciendo en la humedad como el llanto o la lluvia.

Yo veo solo, a veces,
ataúdes a vela
zarpar con difuntos pálidos, con mujeres de trenzas muertas,
con panaderos blancos como ángeles,
con niñas pensativas casadas con notarios,
ataúdes subiendo el río vertical de los muertos,

el río morado,
hacia arriba, con las velas hinchadas por el sonido de la
muerte,
hinchadas por el sonido silencioso de la muerte.

A lo sonoro llega la muerte
como un zapato sin pie, como un traje sin hombre,
llega a golpear con un anillo sin piedra y sin dedo,
llega a gritar sin boca, sin lengua, sin garganta.
Sin embargo sus pasos suenan
y su vestido suena, callado, como un árbol.

Yo no sé, yo conozco poco, yo apenas veo,
pero creo que su canto tiene color de violetas húmedas,
de violetas acostumbradas a la tierra,
porque la cara de la muerte es verde,
y la mirada de la muerte es verde,
con la aguda humedad de una hoja de violeta
y su grave color de invierno exasperado.

Pero la muerte va también por el mundo vestida de escoba,
lame el suelo buscando difuntos,
la muerte está en la escoba,
es la lengua de la muerte buscando muertos,
es la aguja de la muerte buscando hilo.

La muerte está en los catres:
en los colchones lentos, en las frazadas negras
vive tendida, y de repente sopla:
sopla un sonido oscuro que hincha sábanas,
y hay camas navegando a un puerto
en donde está esperando, vestida de almirante.

WALKING AROUND

Sucede que me canso de ser hombre.
Sucede que entro en las sastrerías y en los cines
marchito, impenetrable, como un cisne de fieltro
navegando en un agua de origen y ceniza.

El olor de las peluquerías me hace llorar a gritos.
Solo quiero un descanso de piedras o de lana,
solo quiero no ver establecimientos ni jardines,
ni mercaderías, ni anteojos, ni ascensores.

Sucede que me canso de mis pies y mis uñas
y mi pelo y mi sombra.
Sucede que me canso de ser hombre.

Sin embargo sería delicioso
asustar a un notario con un lirio cortado
o dar muerte a una monja con un golpe de oreja.
Sería bello
ir por las calles con un cuchillo verde
y dando gritos hasta morir de frío.

No quiero seguir siendo raíz en las tinieblas,
vacilante, extendido, tiritando de sueño,
hacia abajo, en las tripas mojadas de la tierra,
absorbiendo y pensando, comiendo cada día.

No quiero para mí tantas desgracias.
No quiero continuar de raíz y de tumba,
de subterráneo solo, de bodega con muertos,
aterido, muriéndome de pena.

Por eso el día Lunes arde como el petróleo
cuando me ve llegar con mi cara de cárcel,

y aúlla en su transcurso como una rueda herida,
y da pasos de sangre caliente hacia la noche.

Y me empuja a ciertos rincones, a ciertas casas
    húmedas,
a hospitales donde los huesos salen por la ventana,
a ciertas zapaterías con olor a vinagre,
a calles espantosas como grietas.

Hay pájaros de color de azufre y horribles intestinos
colgando de las puertas de las casas que odio,
hay dentaduras olvidadas en una cafetera,
hay espejos
que debieran haber llorado de vergüenza y espanto,
hay paraguas en todas partes, y venenos, y ombligos.

Yo paseo con calma, con ojos, con zapatos,
con furia, con olvido,
paso, cruzo oficinas y tiendas de ortopedia,
y patios donde hay ropas colgadas de un alambre:
calzoncillos, toallas y camisas que lloran
lentas lágrimas sucias.

AGUA SEXUAL

Rodando a goterones solos,
a gotas como dientes,
a espesos goterones de mermelada y sangre,
rodando a goterones
cae el agua,
como una espada en gotas,
como un desgarrador río de vidrio,
cae mordiendo,

golpeando el eje de la simetría, pegando en las costuras
del alma,
rompiendo cosas abandonadas, empapando lo oscuro.

Solamente es un soplo, más húmedo que el llanto,
un líquido, un sudor, un aceite sin nombre,
un movimiento agudo,
haciéndose, espesándose,
cae el agua,
a goterones lentos,
hacia su mar, hacia su seco océano,
hacia su ola sin agua.

Veo el verano extenso, y un estertor saliendo de un
granero,
bodegas, cigarras,
poblaciones, estímulos,
habitaciones, niñas
durmiendo con las manos en el corazón,
soñando con bandidos, con incendios,
veo barcos,
veo árboles de médula
erizados como gatos rabiosos,
veo sangre, puñales y medias de mujer,
y pelos de hombre,
veo camas, veo corredores donde grita una virgen,
veo frazadas y órganos y hoteles.

Veo los sueños sigilosos,
admito los postreros días,
y también los orígenes, y también los recuerdos,
como un párpado atrozmente levantado a la fuerza
estoy mirando.

Y entonces hay este sonido:

un ruido rojo de huesos,
un pegarse de carne,
y piernas amarillas como espigas juntándose.
Yo escucho entre el disparo de los besos,
escucho, sacudido entre respiraciones y sollozos.

Estoy mirando, oyendo,
con la mitad del alma en el mar y la mitad del alma en la
tierra,
y con las dos mitades del alma miro el mundo.

Y aunque cierre los ojos y me cubra el corazón enteramente,
veo caer un agua sorda,
a goterones sordos.

Es como un huracán de gelatina,
como una catarata de espermas y medusas.
Veo correr un arco iris turbio.
Veo pasar sus aguas a través de los huesos.

TRES CANTOS MATERIALES

ENTRADA A LA MADERA

Con mi razón apenas, con mis dedos,
con lentas aguas lentas inundadas,
caigo al imperio de los nomeolvides,
a una tenaz atmósfera de luto,
a una olvidada sala decaída,
a un racimo de tréboles amargos.

Caigo en la sombra, en medio
de destruidas cosas,
y miro arañas, y apaciento bosques
de secretas maderas inconclusas,
y ando entre húmedas fibras arrancadas
al vivo ser de substancia y silencio.

Dulce materia, oh rosa de alas secas,
en mi hundimiento tus pétalos subo
con pies pesados de roja fatiga,
y en tu catedral dura me arrodillo
golpeándome los labios con un ángel.

Es que soy yo ante tu color de mundo,
ante tus pálidas espadas muertas,
ante tus corazones reunidos,
ante tu silenciosa multitud.

Soy yo ante tu ola de olores muriendo,
envueltos en otoño y resistencia:
soy yo emprendiendo un viaje funerario
entre tus cicatrices amarillas:
soy yo con mis lamentos sin origen,
sin alimentos, desvelado, solo,
entrando oscurecidos corredores,
llegando a tu materia misteriosa.

Veo moverse tus corrientes secas,
veo crecer manos interrumpidas,
oigo tus vegetales oceánicos
crujir de noche y furia sacudidos,
y siento morir hojas hacia adentro,
incorporando materiales verdes
a tu inmovilidad desamparada.

Poros, vetas, círculos de dulzura,
peso, temperatura silenciosa,
flechas pegadas a tu alma caída,
seres dormidos en tu boca espesa,
polvo de dulce pulpa consumida,
ceniza llena de apagadas almas,
venid a mí, a mi sueño sin medida,
caed en mi alcoba en que la noche cae
y cae sin cesar como agua rota,
y a vuestra vida, a vuestra muerte asidme,
a vuestros materiales sometidos,
a vuestras muertas palomas neutrales,

y hagamos fuego, y silencio, y sonido,
y ardamos, y callemos, y campanas.

APOGEO DEL APIO

Del centro puro que los ruidos nunca
atravesaron, de la intacta cera,
salen claros relámpagos lineales,
palomas con destino de volutas,
hacia tardías calles con olor
a sombra y a pescado.

Son las venas del apio! Son la espuma, la risa,
los sombreros del apio!
Son los signos del apio, su sabor
de luciérnaga, sus mapas
de color inundado,
y cae su cabeza de ángel verde,
y sus delgados rizos se acongojan,
y entran los pies del apio en los mercados
de la mañana herida, entre sollozos,
y se cierran las puertas a su paso,
y los dulces caballos se arrodillan.

Sus pies cortados van, sus ojos verdes
van derramados, para siempre hundidos
en ellos los secretos y las gotas:
los túneles del mar de donde emergen,
las escaleras que el apio aconseja,
las desdichadas sombras sumergidas,
las determinaciones en el centro del aire,
los besos en el fondo de las piedras.

A medianoche, con manos mojadas,
alguien golpea mi puerta en la niebla,
y oigo la voz del apio, voz profunda,
áspera voz de viento encarcelado,
se queja herido de aguas y raíces,
hunde en mi cama sus amargos rayos,
y sus desordenadas tijeras me pegan en el pecho
buscándome la boca del corazón ahogado.

Qué quieres, huésped de corsé quebradizo,
en mis habitaciones funerales?
Qué ámbito destrozado te rodea?

Fibras de oscuridad y luz llorando,
ribetes ciegos, energías crespas,
río de vida y hebras esenciales,
verdes ramas de sol acariciado,
aquí estoy, en la noche, escuchando secretos,
desvelos, soledades,
y entráis, en medio de la niebla hundida,
hasta crecer en mí, hasta comunicarme
la luz oscura y la rosa de la tierra.

ESTATUTO DEL VINO

Cuando a regiones, cuando a sacrificios
manchas moradas como lluvias caen,
el vino abre las puertas con asombro,
y en el refugio de los meses vuela
su cuerpo de empapadas alas rojas.

Sus pies tocan los muros y las tejas
con humedad de lenguas anegadas,

y sobre el filo del día desnudo
sus abejas en gotas van cayendo.

Yo sé que el vino no huye dando gritos
a la llegada del invierno,
ni se esconde en iglesias tenebrosas
a buscar fuego en trapos derrumbados,
sino que vuela sobre la estación,
sobre el invierno que ha llegado ahora
con un puñal entre las cejas duras.

Yo veo vagos sueños,
yo reconozco lejos,
y miro frente a mí, detrás de los cristales,
reuniones de ropas desdichadas.

A ellas la bala del vino no llega,
su amapola eficaz, su rayo rojo,
mueren ahogados en tristes tejidos,
y se derrama por canales solos,
por calles húmedas, por ríos sin nombre,
el vino amargamente sumergido,
el vino ciego y subterráneo y solo.

Yo estoy de pie en su espuma y sus raíces,
yo lloro en su follaje y en sus muertos,
acompañado de sastres caídos
en medio del invierno deshonrado,
yo subo escalas de humedad y sangre
tanteando las paredes,
y en la congoja del tiempo que llega
sobre una piedra me arrodillo y lloro.

Y hacia túneles acres me encamino
vestido de metales transitorios,

hacia bodegas solas, hacia sueños,
hacia betunes verdes que palpitan,
hacia herrerías desinteresadas,
hacia sabores de lodo y garganta,
hacia imperecederas mariposas.

Entonces surgen los hombres del vino
vestidos de morados cinturones,
y sombreros de abejas derrotadas,
y traen copas llenas de ojos muertos,
y terribles espadas de salmuera,
y con roncas bocinas se saludan
cantando cantos de intención nupcial.

Me gusta el canto ronco de los hombres del vino,
y el ruido de mojadas monedas en la mesa,
y el olor de zapatos y de uvas
y de vómitos verdes:
me gusta el canto ciego de los hombres,
y ese sonido de sal que golpea
las paredes del alba moribunda.

Hablo de cosas que existen, Dios me libre
de inventar cosas cuando estoy cantando!
Hablo de la saliva derramada en los muros,
hablo de lentas medias de ramera,
hablo del coro de los hombres del vino
golpeando el ataúd con un hueso de pájaro.

Estoy en medio de ese canto, en medio
del invierno que rueda por las calles,
estoy en medio de los bebedores,
con los ojos abiertos hacia olvidados sitios,
o recordando en delirante luto,
o durmiendo en cenizas derribado.

Recordando noches, navíos, sementeras,
amigos fallecidos, circunstancias,
amargos hospitales y niñas entreabiertas:
recordando un golpe de ola en cierta roca
con un adorno de harina y espuma,
y la vida que hace uno en ciertos países,
en ciertas costas solas,
un sonido de estrellas en las palmeras,
un golpe del corazón en los vidrios,
un tren que cruza oscuro de ruedas malditas
y muchas cosas tristes de esta especie.

A la humedad del vino, en las mañanas,
en las paredes a menudo mordidas por los días de
invierno
que caen en bodegas sin duda solitarias,
a esa virtud del vino llegan luchas,
y cansados metales y sordas dentaduras,
y hay un tumulto de objeciones rotas,
hay un furioso llanto de botellas,
y un crimen, como un látigo caído.

El vino clava sus espinas negras,
y sus erizos lúgubres pasea,
entre puñales, entre medianoches,
entre roncas gargantas arrastradas,
entre cigarros y torcidos pelos,
y como ola de mar su voz aumenta
aullando llanto y manos de cadáver.

Y entonces corre el vino perseguido
y sus tenaces odres se destrozan
contra las herraduras, y va el vino en silencio,
y sus toneles, en heridos buques en donde el aire muerde
rostros, tripulaciones de silencio,

y el vino huye por las carreteras,
por las iglesias, entre los carbones,
y se caen sus plumas de amaranto,
y se disfraza de azufre su boca,
y el vino ardiendo entre calles usadas
buscando pozos, túneles, hormigas,
bocas de tristes muertos,
por donde ir al azul de la tierra
en donde se confunden la lluvia y los ausentes.

ODA A FEDERICO GARCÍA LORCA

Si pudiera llorar de miedo en una casa sola,
si pudiera sacarme los ojos y comérmelos,
lo haría por tu voz de naranjo enlutado
y por tu poesía que sale dando gritos.

Porque por ti pintan de azul los hospitales
y crecen las escuelas y los barrios marítimos,
y se pueblan de plumas los ángeles heridos,
y se cubren de escamas los pescados nupciales,
y van volando al cielo los erizos:
por ti las sastrerías con sus negras membranas
se llenan de cucharas y de sangre,
y tragan cintas rotas, y se matan a besos,
y se visten de blanco.

Cuando vuelas vestido de durazno,
cuando ríes con risa de arroz huracanado,
cuando para cantar sacudes las arterias y los dientes,
la garganta y los dedos,
me moriría por lo dulce que eres,
me moriría por los lagos rojos

en donde en medio del otoño vives
con un corcel caído y un dios ensangrentado,
me moriría por los cementerios
que como cenicientos ríos pasan
con agua y tumbas,
de noche, entre campanas ahogadas:
ríos espesos como dormitorios
de soldados enfermos, que de súbito crecen
hacia la muerte en ríos con números de mármol
y coronas podridas, y aceites funerales:
me moriría por verte de noche
mirar pasar las cruces anegadas,
de pie y llorando,
porque ante el río de la muerte lloras
abandonadamente, heridamente,
lloras llorando, con los ojos llenos
de lágrimas, de lágrimas, de lágrimas.

Si pudiera de noche, perdidamente solo,
acumular olvido y sombra y humo
sobre ferrocarriles y vapores,
con un embudo negro,
mordiendo las cenizas,
lo haría por el árbol en que creces,
por los nidos de aguas doradas que reúnes,
y por la enredadera que te cubre los huesos
comunicándote el secreto de la noche.

Ciudades con olor a cebolla mojada
esperan que tú pases cantando roncamente,
y silenciosos barcos de esperma te persiguen,
y golondrinas verdes hacen nido en tu pelo,
y además caracoles y semanas,
mástiles enrollados y cerezas
definitivamente circulan cuando asoman

tu pálida cabeza de quince ojos
y tu boca de sangre sumergida.

Si pudiera llenar de hollín las alcaldías
y, sollozando, derribar relojes,
sería para ver cuándo a tu casa
llega el verano con los labios rotos,
llegan muchas personas de traje agonizante,
llegan regiones de triste esplendor,
llegan arados muertos y amapolas,
llegan enterradores y jinetes,
llegan planetas y mapas con sangre,
llegan buzos cubiertos de ceniza,
llegan enmascarados arrastrando doncellas
atravesadas por grandes cuchillos,
llegan raíces, venas, hospitales,
manantiales, hormigas,
llega la noche con la cama en donde
muere entre las arañas un húsar solitario,
llega una rosa de odio y alfileres,
llega una embarcación amarillenta,
llega un día de viento con un niño,
llego yo con Oliverio, Norah,
Vicente Aleixandre, Delia,
Maruca, Malva Marina, María Luisa y Larco,
la Rubia, Rafael, Ugarte,
Cotapos, Rafael Alberti,
Carlos, Bebé, Manolo Altolaguirre,
Molinari,
Rosales, Concha Méndez,
y otros que se me olvidan,

Ven a que te corone, joven de la salud
y de la mariposa, joven puro
como un negro relámpago perpetuamente libre,

y conversando entre nosotros,
ahora, cuando no queda nadie entre las rocas,
hablemos sencillamente como eres tú y soy yo:
para qué sirven los versos si no es para el rocío?

Para qué sirven los versos si no es para esa noche
en que un puñal amargo nos averigua, para ese día,
para ese crepúsculo, para ese rincón roto
donde el golpeado corazón del hombre se dispone a
morir?

Sobre todo de noche,
de noche hay muchas estrellas,
todas dentro de un río,
como una cinta junto a las ventanas
de las casas llenas de pobres gentes.

Alguien se les ha muerto, tal vez
han perdido sus colocaciones en las oficinas,
en los hospitales, en los ascensores,
en las minas,
sufren los seres tercamente heridos
y hay propósito y llanto en todas partes:
mientras las estrellas corren dentro de un río
interminable
hay mucho llanto en las ventanas,
los umbrales están gastados por el llanto,
las alcobas están mojadas por el llanto
que llega en forma de ola a morder las alfombras.

Federico,
tú ves el mundo, las calles,
el vinagre,
las despedidas en las estaciones
cuando el humo levanta sus ruedas decisivas

hacia donde no hay nada sino algunas
separaciones, piedras, vías férreas.

Hay tantas gentes haciendo preguntas
por todas partes.
Hay el ciego sangriento, y el iracundo, y el
desanimado,
y el miserable, el árbol de las uñas,
el bandolero con la envidia a cuestas.

Así es la vida, Federico, aquí tienes
las cosas que te puede ofrecer mi amistad
de melancólico varón varonil.
Ya sabes por ti mismo muchas cosas,
y otras irás sabiendo lentamente.

ALBERTO ROJAS GIMÉNEZ VIENE VOLANDO

Entre plumas que asustan, entre noches,
entre magnolias, entre telegramas,
entre el viento del Sur y el Oeste marino,
vienes volando.

Bajo las tumbas, bajo las cenizas,
bajo los caracoles congelados,
bajo las últimas aguas terrestres,
vienes volando.

Más abajo, entre niñas sumergidas,
y plantas ciegas, y pescados rotos,
más abajo, entre nubes otra vez,
vienes volando.

Más allá de la sangre y de los huesos,
más allá del pan, más allá del vino,
más allá del fuego,
vienes volando.

Más allá del vinagre y de la muerte,
entre putrefacciones y violetas,
con tu celeste voz y tus zapatos húmedos,
vienes volando.

Sobre diputaciones y farmacias,
y ruedas, y abogados, y navíos,
y dientes rojos recién arrancados,
vienes volando.

Sobre ciudades de tejado hundido
en que grandes mujeres se destrenzan
con anchas manos y peines perdidos,
vienes volando.

Junto a bodegas donde el vino crece
con tibias manos turbias, en silencio,
con lentas manos de madera roja,
vienes volando.

Entre aviadores desaparecidos,
al lado de canales y de sombras,
al lado de azucenas enterradas,
vienes volando.

Entre botellas de color amargo,
entre anillos de anís y desventura,
levantando las manos y llorando,
vienes volando.

Sobre dentistas y congregaciones,
sobre cines, y túneles, y orejas,
con traje nuevo y ojos extinguidos,
vienes volando.

Sobre tu cementerio sin paredes
donde los marineros se extravían,
mientras la lluvia de tu muerte cae,
vienes volando.

Mientras la lluvia de tus dedos cae,
mientras la lluvia de tus huesos cae,
mientras tu médula y tu risa caen,
vienes volando.

Sobre las piedras en que te derrites,
corriendo, invierno abajo, tiempo abajo,
mientras tu corazón desciende en gotas,
vienes volando.

No estás allí, rodeado de cemento,
y negros corazones de notarios,
y enfurecidos huesos de jinetes:
vienes volando.

Oh amapola marina, oh deudo mío,
oh guitarrero vestido de abejas,
no es verdad tanta sombra en tus cabellos:
vienes volando.

No es verdad tanta sombra persiguiéndote,
no es verdad tantas golondrinas muertas,
tanta región oscura con lamentos:
vienes volando.

El viento negro de Valparaíso
abre sus alas de carbón y espuma
para barrer el cielo donde pasas:
vienes volando.

Hay vapores, y un frío de mar muerto,
y silbatos, y meses, y un olor.
de mañana lloviendo y peces sucios:
vienes volando.

Hay ron, tú y yo, y mi alma donde lloro,
y nadie y nada, sino una escalera
de peldaños quebrados, y un paraguas:
vienes volando.

Allí está el mar. Bajo de noche y te oigo
venir volando bajo el mar sin nadie,
bajo el mar que me habita, oscurecido:
vienes volando.

Oigo tus alas y tu lento vuelo,
y el agua de los muertos me golpea
como palomas ciegas y mojadas:
vienes volando.

Vienes volando, solo, solitario,
solo entre muertos, para siempre solo,
vienes volando sin sombra y sin nombre,
sin azúcar, sin boca, sin rosales,
vienes volando.

EL DESENTERRADO

Homenaje al conde de Villamediana

Cuando la tierra llena de párpados mojados
se haga ceniza y duro aire cernido,
y los terrones secos y las aguas,
los pozos, los metales,
por fin devuelvan sus gastados muertos,
quiero una oreja, un ojo,
un corazón herido dando tumbos,
un hueco de puñal hace ya tiempo hundido
en un cuerpo hace tiempo exterminado y solo,
quiero unas manos, una ciencia de uñas,
una boca de espanto y amapolas muriendo,
quiero ver levantarse del polvo inútil
un ronco árbol de venas sacudidas,
yo quiero de la tierra más amarga,
entre azufre y turquesa y olas rojas
y torbellinos de carbón callado,
quiero una carne despertar sus huesos
aullando llamas,
y un especial olfato correr en busca de algo,
y una vista cegada por la tierra
correr detrás de dos ojos oscuros,
y un oído, de pronto, como una ostra furiosa,
rabiosa, desmedida,
levantarse hacia el trueno,
y un tacto puro, entre sales perdido,
salir tocando pechos y azucenas, de pronto.

Oh día de los muertos! oh distancia hacia donde
la espiga muerta yace con su olor a relámpago,
oh galerías entregando un nido
y un pez y una mejilla y una espada,

todo molido entre las confusiones,
todo sin esperanzas decaído,
todo en la sima seca alimentado
entre los dientes de la tierra dura.

Y la pluma a su pájaro suave,
y la luna a su cinta, y el perfume a su forma,
y, entre las rosas, el desenterrado,
el hombre lleno de algas minerales,
y a sus dos agujeros sus ojos retornando.

Está desnudo,
sus ropas no se encuentran en el polvo,
y su armadura rota se ha deslizado al fondo del infierno,
y su barba ha crecido como el aire en otoño,
y hasta su corazón quiere morder manzanas.

Cuelgan de sus rodillas y sus hombros
adherencias de olvido, hebras del suelo,
zonas de vidrio roto y aluminio,
cáscaras de cadáveres amargos,
bolsillos de agua convertida en hierro:
y reuniones de terribles bocas
derramadas y azules,
y ramas de coral acongojado
hacen corona a su cabeza verde,
y tristes vegetales fallecidos
y maderas nocturnas le rodean,
y en él aún duermen palomas entreabiertas
con ojos de cemento subterráneo.

Conde dulce, en la niebla,
oh recién despertado de las minas,
oh recién seco del agua sin río,
oh recién sin arañas!

Crujen minutos en tus pies naciendo,
tu sexo asesinado se incorpora,[208]
y levantas la mano en donde vive
todavía el secreto de la espuma.

EL RELOJ CAÍDO EN EL MAR

Hay tanta luz tan sombría en el espacio
y tantas dimensiones de súbito amarillas,
porque no cae el viento
ni respiran las hojas.

Es un día domingo detenido en el mar,
un día como un buque sumergido,
una gota del tiempo que asaltan las escamas
ferozmente vestidas de humedad transparente.

Hay meses seriamente acumulados en una vestidura
que queremos oler llorando con los ojos cerrados,
y hay años en un solo ciego signo del agua
depositada y verde,
hay la edad que los dedos ni la luz apresaron,
mucho más estimable que un abanico roto,
mucho más silenciosa que un pie desenterrado,
hay la nupcial edad de los días disueltos
en una triste tumba que los peces recorren.

Los pétalos del tiempo caen inmensamente
como vagos paraguas parecidos al cielo,
creciendo en torno, es apenas
una campana nunca vista,
una rosa inundada, una medusa, un largo
latido quebrantado:
pero no es eso, es algo que toca y gasta apenas,

una confusa huella sin sonido ni pájaros,
un desvanecimiento de perfumes y razas.

El reloj que en el campo se tendió sobre el musgo
y golpeó una cadera con su eléctrica forma
corre desvencijado y herido bajo el agua temible
que ondula palpitando de corrientes centrales.

VUELVE EL OTOÑO

Un enlutado día cae de las campanas
como una temblorosa tela de vaga viuda,
es un color, un sueño
de cerezas hundidas en la tierra,
es una cola de humo que llega sin descanso
a cambiar el color del agua y de los besos.

No sé si me entiende: cuando desde lo alto
se avecina la noche, cuando el solitario poeta
a la ventana oye correr el corcel del otoño
y las hojas del miedo pisoteado crujen en sus arterias,
hay algo sobre el cielo, como lengua de buey
espeso, algo en la duda del cielo y de la atmósfera.

Vuelven las cosas a su sitio,
el abogado indispensable, las manos, el aceite,
las botellas,
todos los indicios de la vida: las camas sobre todo,
están llenas de un líquido sangriento,
la gente deposita sus confianzas en sórdidas orejas,
los asesinos bajan escaleras,
pero no es esto, sino el viejo galope,
el caballo del viejo otoño que tiembla y dura.

El caballo del viejo otoño tiene la barba roja
y la espuma del miedo le cubre las mejillas
y el aire que le sigue tiene forma de océano
y perfume de vaga podredumbre enterrada.

Todos los días baja del cielo un color ceniciento
que las palomas deben repartir por la tierra:
la cuerda que el olvido y las lágrimas tejen,
el tiempo que ha dormido largos años dentro de las
campanas,
todo,
los viejos trajes mordidos, las mujeres que ven venir la
nieve,
las amapolas negras que nadie puede contemplar sin morir,
todo cae a las manos que levanto
en medio de la lluvia.

NO HAY OLVIDO (SONATA)

Si me preguntáis en dónde he estado
debo decir «Sucede».
Debo de hablar del suelo que oscurecen las piedras,
del río que durando se destruye:
no sé sino las cosas que los pájaros pierden,
el mar dejado atrás, o mi hermana llorando.
Por qué tantas regiones, por qué un día
se junta con un día? Por qué una negra noche
se acumula en la boca? Por qué muertos?

Si me preguntáis de dónde vengo tengo que conversar
con cosas rotas,
con utensilios demasiado amargos,
con grandes bestias a menudo podridas
y con mi acongojado corazón.

No son recuerdos los que se han cruzado
ni es la paloma amarillenta que duerme en el olvido,
sino caras con lágrimas,
dedos en la garganta,
y lo que se desploma de las hojas:
la oscuridad de un día transcurrido,
de un día alimentado con nuestra triste sangre.

He aquí violetas, golondrinas,
todo cuanto nos gusta y aparece
en las dulces tarjetas de larga cola
por donde se pasean el tiempo y la dulzura.
Pero no penetremos más allá de esos dientes,
no mordamos las cáscaras que el silencio acumula,
porque no sé qué contestar:
hay tantos muertos,
y tantos malecones que el sol rojo partía,
y tantas cabezas que golpean los buques,
y tantas manos que han encerrado besos,
y tantas cosas que quiero olvidar.

TERCERA RESIDENCIA

[1935-1945]

VALS

Yo toco el odio como pecho diurno,
yo sin cesar, de ropa en ropa vengo
durmiendo lejos.

No soy, no sirvo, no conozco a nadie,
no tengo armas de mar ni de madera,
no vivo en esta casa.

De noche y agua está mi boca llena.
La duradera luna determina
lo que no tengo.

Lo que tengo está en medio de las olas.
Un rayo de agua, un día para mí:
un fondo férreo.

No hay contramar, no hay escudo, no hay traje,
no hay especial solución insondable,
ni párpado vicioso.

Vivo de pronto y otras veces sigo.
Toco de pronto un rostro y me asesina.
No tengo tiempo.

No me busquéis entonces descorriendo
el habitual hilo salvaje o la
sangrienta enredadera.

No me llaméis: mi ocupación es esa.
No preguntéis mi nombre ni mi estado.
Dejadme en medio de mi propia luna,
en mi terreno herido.

ESPAÑA EN EL CORAZÓN

HIMNO A LAS GLORIAS DEL PUEBLO EN GUERRA (1936-1937)

EXPLICO ALGUNAS COSAS

Preguntaréis: Y dónde están las lilas?
Y la metafísica cubierta de amapolas?
Y la lluvia que a menudo golpeaba
sus palabras llenándolas
de agujeros y pájaros?

Os voy a contar todo lo que me pasa.

Yo vivía en un barrio
de Madrid, con campanas,
con relojes, con árboles.

Desde allí se veía
el rostro seco de Castilla
como un océano de cuero.

Mi casa era llamada
la casa de las flores, porque por todas partes
estallaban geranios: era
una bella casa
con perros y chiquillos.
Raúl, te acuerdas?
Te acuerdas, Rafael?
Federico, te acuerdas
debajo de la tierra,
te acuerdas de mi casa con balcones en donde
la luz de junio ahogaba flores en tu boca?
Hermano, hermano!

Todo
eran grandes voces, sal de mercaderías,
aglomeraciones de pan palpitante,
mercados de mi barrio de Argüelles con su estatua
como un tintero pálido entre las merluzas:
el aceite llegaba a las cucharas,
un profundo latido
de pies y manos llenaba las calles,
metros, litros, esencia
aguda de la vida,
pescados hacinados,
contextura de techos con sol frío en el cual
la flecha se fatiga,
delirante marfil fino de las patatas,
tomates repetidos hasta el mar.

Y una mañana todo estaba ardiendo
y una mañana las hogueras
salían de la tierra
devorando seres,
y desde entonces fuego,

pólvora desde entonces,
y desde entonces sangre.

Bandidos con aviones y con moros,
bandidos con sortijas y duquesas,
bandidos con frailes negros bendiciendo
venían por el cielo a matar niños,
y por las calles la sangre de los niños
corría simplemente, como sangre de niños.

Chacales que el chacal rechazaría,
piedras que el cardo seco mordería escupiendo,
víboras que las víboras odiaran!

Frente a vosotros he visto la sangre
de España levantarse
para ahogaros en una sola ola
de orgullo y de cuchillos!

Generales
traidores:
mirad mi casa muerta,
mirad España rota:
pero de cada casa muerta sale metal ardiendo
en vez de flores,
pero de cada hueco de España
sale España,
pero de cada niño muerto sale un fusil con ojos,
pero de cada crimen nacen balas
que os hallarán un día el sitio
del corazón.

Preguntaréis por qué su poesía
no nos habla del sueño, de las hojas,
de los grandes volcanes de su país natal?

Venid a ver la sangre por las calles
venid a ver
la sangre por las calles,
venid a ver la sangre
por las calles!

LLEGADA A MADRID DE LA BRIGADA INTERNACIONAL

Una mañana de un mes frío,
de un mes agonizante, manchado por el lodo y por el humo,
un mes sin rodillas, un triste mes de sitio y desventura,
cuando a través de los cristales mojados de mi casa se oían los chacales africanos
aullar con los rifles y los dientes llenos de sangre, entonces,
cuando no teníamos más esperanza que un sueño de pólvora, cuando ya creíamos
que el mundo estaba lleno solo de monstruos devoradores y de furias,
entonces, quebrando la escarcha del mes de frío de Madrid, en la niebla
del alba
he visto con estos ojos que tengo, con este corazón que mira,
he visto llegar a los claros, a los dominadores combatientes
de la delgada y dura y madura y ardiente brigada de piedra.

Era el acongojado tiempo en que las mujeres
llevaban una ausencia como un carbón terrible,
y la muerte española, más ácida y aguda que otras muertes,
llenaba los campos hasta entonces honrados por el trigo.

Por las calles la sangre rota del hombre se juntaba
con el agua que sale del corazón destruido de las casas:
los huesos de los niños deshechos, el desgarrador
enlutado silencio de las madres, los ojos
cerrados para siempre de los indefensos,
eran como la tristeza y la pérdida, eran como un jardín
escupido,
eran la fe y la flor asesinadas para siempre.

Camaradas,
entonces
os he visto,
y mis ojos están ahora llenos de orgullo
porque os vi a través de la mañana de niebla llegar a la
frente pura de Castilla
silenciosos y firmes
como campanas antes del alba,
llenos de solemnidad y de ojos azules venir de lejos y
lejos,
venir de vuestros rincones, de vuestras patrias perdidas,
de vuestros sueños
llenos de dulzura quemada y de fusiles
a defender la ciudad española en que la libertad
acorralada
pudo caer y morir mordida por las bestias.

Hermanos, que desde ahora
vuestra pureza y vuestra fuerza, vuestra historia solemne
sea conocida del niño y del varón, de la mujer y del viejo,
llegue a todos los seres sin esperanza, baje a las minas
corroídas por el aire sulfúrico,
suba a las escaleras inhumanas del esclavo,
que todas las estrellas, que todas las espigas de Castilla y
del mundo
escriban vuestro nombre y vuestra áspera lucha

y vuestra victoria fuerte y terrestre como una encina roja.
Porque habéis hecho renacer con vuestro sacrificio
la fe perdida, el alma ausente, la confianza en la tierra,
y por vuestra abundancia, por vuestra nobleza, por
vuestros muertos,
como por un valle de duras rocas de sangre
pasa un inmenso río con palomas de acero y de esperanza.

CANTO SOBRE UNAS RUINAS

Esto que fue creado y dominado,
esto que fue humedecido, usado, visto,
yace —pobre pañuelo— entre las olas
de tierra y negro azufre.
Como el botón o el pecho
se levantan al cielo, como la flor que sube
desde el hueso destruido, así las formas
del mundo aparecieron. Oh párpados,
oh columnas, oh escalas!
Oh profundas materias
agregadas y puras: cuánto hasta ser campanas!
cuánto hasta ser relojes! Aluminio
de azules proporciones, cemento
pegado al sueño de los seres!
El polvo se congrega,
la goma, el lodo, los objetos crecen
y las paredes se levantan
como parras de oscura piel humana.
Allí dentro en blanco, en cobre,
en fuego, en abandono, los papeles crecían,
el llanto abominable, las prescripciones
llevadas en la noche a la farmacia mientras
alguien con fiebre,

la seca sien mental, la puerta
que el hombre ha construido
para no abrir jamás.
                    Todo ha ido y caído
brutalmente marchito.
                    Utensilios heridos, telas
nocturnas, espuma sucia, orines justamente
vertidos, mejillas, vidrio, lana,
alcanfor, círculos de hilo y cuero, todo,
todo por una rueda vuelto al polvo,
al desorganizado sueño de los metales,
todo el perfume, todo lo fascinado,
todo reunido en nada, todo caído
para no nacer nunca.

                    Sed celeste, palomas
con cintura de harina: épocas
de polen y racimo, ved cómo
la madera se destroza
hasta llegar al luto: no hay raíces
para el hombre: todo descansa apenas
sobre un temblor de lluvia.
                    Ved cómo se ha podrido
la guitarra en la boca de la fragante novia:
ved cómo las palabras que tanto construyeron,
ahora son exterminio: mirad sobre la cal y entre el
    mármol deshecho
la huella —ya con musgos— del sollozo.

NUEVO CANTO DE AMOR A STALINGRADO

Yo escribí sobre el tiempo y sobre el agua,
describí el luto y su metal morado,

yo escribí sobre el cielo y la manzana,
ahora escribo sobre Stalingrado.

Ya la novia guardó con su pañuelo
el rayo de mi amor enamorado,
ahora mi corazón está en el suelo,
en el humo y la luz de Stalingrado.

Yo toqué con mis manos la camisa
del crepúsculo azul y derrotado:
ahora toco el alba de la vida
naciendo con el sol de Stalingrado.

Yo sé que el viejo joven transitorio
de pluma, como un cisne encuadernado,
desencuaderna su dolor notorio
por mi grito de amor a Stalingrado.

Yo pongo el alma mía donde quiero.
Y no me nutro de papel cansado,
adobado de tinta y de tintero.
Nací para cantar a Stalingrado.

Mi voz estuvo con tus grandes muertos
contra tus propios muros machacados,
mi voz sonó como campana y viento
mirándote morir, Stalingrado.

Ahora americanos combatientes
blancos y oscuros como los granados,
matan en el desierto a la serpiente.
Ya no estás sola, Stalingrado.

Francia vuelve a las viejas barricadas
con pabellón de furia enarbolado

sobre las lágrimas recién secadas.
Ya no estás sola, Stalingrado.

Y los grandes leones de Inglaterra
volando sobre el mar huracanado
clavan las garras en la parda tierra.
Ya no estás sola, Stalingrado.

Hoy bajo tus montañas de escarmiento
no solo están los tuyos enterrados:
temblando está la carne de los muertos
que tocaron tu frente, Stalingrado.

Deshechas van las invasoras manos,
triturados los ojos del soldado,
están llenos de sangre los zapatos
que pisaron tu puerta, Stalingrado.

Tu acero azul de orgullo construido,
tu pelo de planetas coronados,
tu baluarte de panes divididos,
tu frontera sombría, Stalingrado.

Tu Patria de martillos y laureles,
la sangre sobre tu esplendor nevado,
la mirada de Stalin a la nieve
tejida con tu sangre, Stalingrado.

Las condecoraciones que tus muertos
han puesto sobre el pecho traspasado
de la tierra, y el estremecimiento
de la muerte y la vida, Stalingrado.

La sal profunda que de nuevo traes
al corazón del hombre acongojado

con la rama de rojos capitanes
salidos de tu sangre, Stalingrado.

La esperanza que rompe en los jardines
como la flor del árbol esperado,
la página grabada de fusiles,
las letras de la luz, Stalingrado.

La torre que concibes en la altura,
los altares de piedra ensangrentados,
los defensores de tu edad madura,
los hijos de tu piel, Stalingrado.

Las águilas ardientes de tus piedras,
los metales por tu alma amamantados,
los adioses de lágrimas inmensas
y las olas de amor, Stalingrado.

Los huesos de asesinos malheridos,
los invasores párpados cerrados,
y los conquistadores fugitivos
detrás de tu centella, Stalingrado.

Los que humillaron la curva del Arco
y las aguas del Sena han taladrado
con el consentimiento del esclavo,
se detuvieron en Stalingrado.

Los que Praga la Bella sobre lágrimas,
sobre lo enmudecido y traicionado,
pasaron pisoteando sus heridas,
murieron en Stalingrado.

Los que en la gruta griega han escupido,
la estalactita de cristal truncado

y su clásico azul enrarecido,
ahora dónde están, Stalingrado?

Los que España quemaron y rompieron
dejando el corazón encadenado
de esa madre de encinos y guerreros,
se pudren a tus pies, Stalingrado.

Los que en Holanda, tulipanes y agua
salpicaron de lodo ensangrentado
y esparcieron el látigo y la espada,
ahora duermen en Stalingrado.

Los que en la noche blanca de Noruega
con un aullido de chacal soltado
quemaron esa helada primavera,
enmudecieron en Stalingrado.

Honor a ti por lo que el aire trae,
lo que se ha de cantar y lo cantado,
honor para tus madres y tus hijos
y tus nietos, Stalingrado.

Honor al combatiente de la bruma,
honor al comisario y al soldado,
honor al cielo detrás de tu luna,
honor al sol de Stalingrado.

Guárdame un trozo de violenta espuma,
guárdame un rifle, guárdame un arado,
y que lo pongan en mi sepultura
con una espiga roja de tu estado,
para que sepan, si hay alguna duda,
que he muerto amándote y que me has amado,
y si no he combatido en tu cintura

dejo en tu honor esta granada oscura,
este canto de amor a Stalingrado.

UN CANTO PARA BOLÍVAR

Padre nuestro que estás en la tierra, en el agua, en el aire
de toda nuestra extensa latitud silenciosa,
todo lleva tu nombre, padre, en nuestra morada:
tu apellido la caña levanta a la dulzura,
el estaño bolívar tiene un fulgor bolívar,
el pájaro bolívar sobre el volcán bolívar,
la patata, el salitre, las sombras especiales,
las corrientes, las vetas de fosfórica piedra,
todo lo nuestro viene de tu vida apagada,
tu herencia fueron ríos, llanuras, campanarios,
tu herencia es el pan nuestro de cada día, padre.

Tu pequeño cadáver de capitán valiente
ha extendido en lo inmenso su metálica forma:
de pronto salen dedos tuyos entre la nieve
y el austral pescador saca a la luz de pronto
tu sonrisa, tu voz palpitando en las redes.

De qué color la rosa que junto a tu alma alcemos?
Roja será la rosa que recuerde tu paso.
Cómo serán las manos que toquen tu ceniza?
Rojas serán las manos que en tu ceniza nacen.
Y como es la semilla de tu corazón muerto?
Es roja la semilla de tu corazón vivo.

Por eso es hoy la ronda de manos junto a ti.
Junto a mi mano hay otra y hay otra junto a ella,

y otra más, hasta el fondo del continente oscuro.
Y otra mano que tú no conociste entonces
viene también, Bolívar, a estrechar a la tuya.
De Teruel, de Madrid, del Jarama, del Ebro,
de la cárcel, del aire, de los muertos de España
llega esta mano roja que es hija de la tuya.

Capitán, combatiente, donde una boca
grita Libertad, donde un oído escucha,
donde un soldado rojo rompe una frente parda,
donde un laurel de libres brota, donde una nueva
bandera se adorna con la sangre de nuestra insigne
aurora,
Bolívar, capitán, se divisa tu rostro.
Otra vez entre pólvora y humo tu espada está naciendo.
Otra vez tu bandera con sangre se ha bordado.
Los malvados atacan tu semilla de nuevo,
clavado en otra cruz está el hijo del hombre.

Pero hacia la esperanza nos conduce tu sombra:
el laurel y la luz de tu ejército rojo
a través de la noche de América con tu mirada mira.
Tus ojos que vigilan más allá de los mares,
más allá de los pueblos oprimidos y heridos,
más allá de las negras ciudades incendiadas,
tu voz nace de nuevo, tu mano otra vez nace:
tu ejército defiende las banderas sagradas:
la Libertad sacude las campanas sangrientas,
y un sonido terrible de dolores precede
la aurora enrojecida por la sangre del hombre.
Libertador, un mundo de paz nació en tus brazos.
La paz, el pan, el trigo de tu sangre nacieron:
de nuestra joven sangre venida de tu sangre
saldrán paz, pan y trigo para el mundo que haremos.

Yo conocí a Bolívar una mañana larga,
en Madrid, en la boca del Quinto Regimiento,
Padre, le dije, eres o no eres o quién eres?
Y mirando el Cuartel de la Montaña, dijo:
«Despierto cada cien años cuando despierta el pueblo».

CANTO EN LA MUERTE Y RESURRECCIÓN DE LUIS COMPANYS

Cuando por la colina donde otros muertos siguen
vivos, como semillas sangrientas y enterradas
creció y creció tu sombra hasta apagar el aire
y se arrugó la forma de la almendra nevada
y se extendió tu paso como un sonido frío
que caía desde una catedral congelada,
tu corazón golpeaba las puertas más eternas:
la casa de los muertos capitanes de España.

Joven padre caído con la flor en el pecho,
con la flor en el pecho de la luz catalana,
con el clavel mojado de sangre inextinguible,
con la amapola viva sobre la luz quebrada,
tu frente ha recibido la eternidad del hombre,
entre los enterrados corazones de España.

Tu alma tuvo el aceite virginal de la aldea
y el áspero rocío de tu tierra dorada
y todas las raíces de Cataluña herida
recibían la sangre del manantial de tu alma,
las grutas estelares donde el mar combatido
deshace sus azules bajo la espuma brava,
y el hombre y el olivo duermen en el perfume
que dejó por la tierra tu sangre derramada.

Deja que rumbo a rumbo de Cataluña roja
y que de punta a punta de las piedras de España
paseen los claveles de tu viviente herida
y mojen los pañuelos en tu sangre sagrada,
los hijos de Castilla que no pueden llorarte
porque eres en lo eterno de piedra castellana,
las niñas de Galicia que lloran como ríos,
los niños gigantescos de la mina asturiana,
todos, los pescadores de Euzkadi, los del Sur, los que
tienen
otro capitán muerto que vengar en Granada,
tu patria guerrillera que escarba el territorio
encontrando los viejos manantiales de España.

Guerrilleros de todas las regiones, salud,
tocad, tocad la sangre bajo la tierra amada:
es la misma, caída por la extensión lluviosa
del Norte y sobre el Sur de corteza abrasada:
atacad a los mismos enemigos amargos,
levantad una sola bandera iluminada:
unidos por la sangre del capitán Companys
reunida en la tierra con la sangre de España!

CANTO GENERAL

LA LÁMPARA EN LA TIERRA

AMOR AMÉRICA
(1400)

Antes de la peluca y la casaca
fueron los ríos, ríos arteriales:
fueron las cordilleras, en cuya onda raída
el cóndor o la nieve parecían inmóviles:
fue la humedad y la espesura, el trueno
sin nombre todavía, las pampas planetarias.

El hombre tierra fue, vasija, párpado
del barro trémulo, forma de la arcilla,
fue cántaro caribe, piedra chibcha,
copa imperial o sílice araucana.
Tierno y sangriento fue, pero en la empuñadura
de su arma de cristal humedecido,
las iniciales de la tierra estaban
escritas.
Nadie pudo
recordarlas después: el viento
las olvidó, el idioma del agua

fue enterrado, las claves se perdieron
o se inundaron de silencio o sangre.

No se perdió la vida, hermanos pastorales.
Pero como una rosa salvaje
cayó una gota roja en la espesura
y se apagó una lámpara de tierra.

Yo estoy aquí para contar la historia.
Desde la paz del búfalo
hasta las azotadas arenas
de la tierra final, en las espumas
acumuladas de la luz antártica,
y por las madrigueras despeñadas
de la sombría paz venezolana,
te busqué, padre mío,
joven guerrero de tiniebla y cobre
o tú, planta nupcial, cabellera indomable,
madre caimán, metálica paloma.

Yo, incásico del légamo,
toqué la piedra y dije:
Quién
me espera? Y apreté la mano
sobre un puñado de cristal vacío.
Pero anduve entre flores zapotecas
y dulce era la luz como un venado,
y era la sombra como un párpado verde.

Tierra mía sin nombre, sin América,
estambre equinoccial, lanza de púrpura,
tu aroma me trepó por las raíces
hasta la copa que bebía, hasta la más delgada
palabra aún no nacida de mi boca.

VEGETACIONES

A las tierras sin nombres y sin números
bajaba el viento desde otros dominios,
traía la lluvia hilos celestes,
y el dios de los altares impregnados
devolvía las flores y las vidas.

En la fertilidad crecía el tiempo.

El jacarandá elevaba espuma
hecha de resplandores transmarinos,
la araucaria de lanzas erizadas
era la magnitud contra la nieve,
el primordial árbol caoba
desde su copa destilaba sangre,
y al Sur de los alerces,
el árbol trueno, el árbol rojo,
el árbol de la espina, el árbol madre,
el ceibo bermellón, el árbol caucho,
eran volumen terrenal, sonido,
eran territoriales existencias.

Un nuevo aroma propagado
llenaba, por los intersticios
de la tierra, las respiraciones
convertidas en humo y fragancia:
el tabaco silvestre alzaba
su rosal de aire imaginario.
Como una lanza terminada en fuego
apareció el maíz, y su estatura
se desgranó y nació de nuevo,
diseminó su harina, tuvo
muertos bajo sus raíces,
y luego, en su cuna, miró

crecer los dioses vegetales.
Arruga y extensión, diseminaba
la semilla del viento
sobre las plumas de la cordillera,
espesa luz de germen y pezones,
aurora ciega amamantada
por los ungüentos terrenales
de la implacable latitud lluviosa,
de las cerradas noches manantiales,
de las cisternas matutinas.
Y aun en las llanuras
como láminas del planeta,
bajo un fresco pueblo de estrellas,
rey de la hierba, el ombú detenía
el aire libre, el vuelo rumoroso
y montaba la pampa sujetándola
con su ramal de riendas y raíces.

América arboleda,
zarza salvaje entre los mares,
de polo a polo balanceabas,
tesoro verde, tu espesura.

Germinaba la noche
en ciudades de cáscaras sagradas,
en sonoras maderas,
extensas hojas que cubrían
la piedra germinal, los nacimientos.
Útero verde, americana
sabana seminal, bodega espesa,
una rama nació como una isla,
una hoja fue forma de la espada,
una flor fue relámpago y medusa,
un racimo redondeó su resumen,
una raíz descendió a las tinieblas.

LOS RÍOS ACUDEN

Amada de los ríos, combatida
por agua azul y gotas transparentes,
como un árbol de venas es tu espectro
de diosa oscura que muerde manzanas:
al despertar desnuda entonces,
eras tatuada por los ríos,
y en la altura mojada tu cabeza
llenaba el mundo con nuevos rocíos.
Te trepidaba el agua en la cintura.
Eras de manantiales construida
y te brillaban lagos en la frente.
De tu espesura madre recogías
el agua como lágrimas vitales,
y arrastrabas los cauces a la arena
a través de la noche planetaria,
cruzando ásperas piedras dilatadas,
rompiendo en el camino
toda la sal de la geología,
cortando bosques de compactos muros,
apartando los músculos del cuarzo.

ORINOCO

Orinoco, déjame en tus márgenes
de aquella hora sin hora:
déjame como entonces ir desnudo,
entrar en tus tinieblas bautismales.
Orinoco de agua escarlata,
déjame hundir las manos que regresan
a tu maternidad, a tu transcurso,
río de razas, patria de raíces,
tu ancho rumor, tu lámina salvaje

viene de donde vengo, de las pobres
y altivas soledades, de un secreto
como una sangre, de una silenciosa
madre de arcilla.

AMAZONAS

Amazonas,
capital de las sílabas del agua,
padre patriarca, eres
la eternidad secreta
de las fecundaciones,
te caen ríos como aves, te cubren
los pistilos color de incendio,
los grandes troncos muertos te pueblan de perfume,
la luna no te puede vigilar ni medirte.
Eres cargado con esperma verde
como un árbol nupcial, eres plateado
por la primavera salvaje,
eres enrojecido de maderas,
azul entre la luna de las piedras,
vestido de vapor ferruginoso,
lento como un camino de planeta.

TEQUENDAMA

Tequendama, recuerdas
tu solitario paso en las alturas
sin testimonio, hito
de soledades, voluntad delgada,
línea celeste, flecha de platino,
recuerdas paso y paso
abriendo muros de oro

hasta caer del cielo en el teatro
aterrador de la piedra vacía?

BÍO-BÍO

Pero háblame, Bío-Bío,
son tus palabras en mi boca
las que resbalan, tú me diste
el lenguaje, el canto nocturno
mezclado con lluvia y follaje.
Tú, sin que nadie mirara a un niño,
me contaste el amanecer
de la tierra, la poderosa
paz de tu reino, el hacha enterrada
con un ramo de flechas muertas,
lo que las hojas del canelo
en mil años te relataron,
y luego te vi entregarte al mar
dividido en bocas y senos,
ancho y florido, murmurando
una historia color de sangre.

LOS HOMBRES

Como la copa de la arcilla era
la raza mineral, el hombre
hecho de piedras y de atmósfera,
limpio como los cántaros, sonoro.
La luna amasó a los caribes,
extrajo oxígeno sagrado,
machacó flores y raíces.
Anduvo el hombre de las islas
tejiendo ramos y guirnaldas

de polymitas azufradas,
y soplando el tritón marino
en la orilla de las espumas.

El tarahumara se vistió de aguijones
y en la extensión del Noroeste
con sangre y pedernales creó el fuego,
mientras el universo iba naciendo
otra vez en la arcilla del tarasco:
los mitos de las tierras amorosas,
la exuberancia húmeda de donde
lodo sexual y frutas derretidas
iban a ser actitud de los dioses
o pálidas paredes de vasijas.

Como faisanes deslumbrantes
descendían los sacerdotes
de las escaleras aztecas.
Los escalones triangulares
sostenían el innumerable
relámpago de las vestiduras.
Y la pirámide augusta,
piedra y piedra, agonía y aire,
en su estructura dominadora
guardaba como una almendra
un corazón sacrificado.
En un trueno como un aullido
caía la sangre por
las escalinatas sagradas.
Pero muchedumbre de pueblos
tejían la fibra, guardaban
el porvenir de las cosechas,
trenzaban el fulgor de la pluma,
convencían a la turquesa,
y en enredaderas textiles

expresaban la luz del mundo.

Mayas, habíais derribado
el árbol del conocimiento.
Con olor de razas graneras
se elevaban las estructuras
del examen y de la muerte,
y escrutabais en los cenotes,
arrojándoles novias de oro,
la permanencia de los gérmenes.

Chichén, tus rumores crecían
en el amanecer de la selva.
Los trabajos iban haciendo
la simetría del panal
en tu ciudadela amarilla,
y el pensamiento amenazaba
la sangre de los pedestales,
desmontaba el cielo en la sombra,
conducía la medicina,
escribía sobre las piedras.

Era el Sur un asombro dorado.
Las altas soledades
de Macchu Picchu en la puerta del cielo
estaban llenas de aceites y cantos,
el hombre había roto las moradas
de grandes aves en la altura,
y en el nuevo dominio entre las cumbres
el labrador tocaba la semilla
con sus dedos heridos por la nieve.
El Cuzco amanecía como un
trono de torreones y graneros
y era la flor pensativa del mundo
aquella raza de pálida sombra

en cuyas manos abiertas temblaban
diademas de imperiales amatistas.
Germinaba en las terrazas
el maíz de las altas tierras
y en los volcánicos senderos
iban los vasos y los dioses.
La agricultura perfumaba
el reino de las cocinas
y extendía sobre los techos
un manto de sol desgranado.

(Dulce raza, hija de sierras,
estirpe de torre y turquesa,
ciérrame los ojos ahora,
antes de irnos al mar
de donde vienen los dolores.)

Aquella selva azul era una gruta
y en el misterio de árbol y tiniebla
el guaraní cantaba como
el humo que sube en la tarde,
el agua sobre los follajes,
la lluvia en un día de amor,
la tristeza junto a los ríos.

En el fondo de América sin nombre
estaba Arauco entre las aguas
vertiginosas, apartado
por todo el frío del planeta.
Mirad el gran Sur solitario.
No se ve humo en la altura.
Solo se ven los ventisqueros
y el vendaval rechazado
por las ásperas araucarias.
No busques bajo el verde espeso

el canto de la alfarería.

Todo es silencio de agua y viento.

Pero en las hojas mira el guerrero.
Entre los alerces un grito.
Unos ojos de tigre en medio
de las alturas de la nieve.

Mira las lanzas descansando.
Escucha el susurro del aire
atravesado por las flechas.
Mira los pechos y las piernas
y las cabelleras sombrías
brillando a la luz de la luna.

Mira el vacío de los guerreros.

No hay nadie. Trina la diuca
como el agua en la noche pura.

Cruza el cóndor su vuelo negro.

No hay nadie. Escuchas? Es el paso
del puma en el aire y las hojas.

No hay nadie. Escucha. Escucha el árbol,
escucha el árbol araucano.

No hay nadie. Mira las piedras.

Mira las piedras de Arauco.

No hay nadie, solo son los árboles.

Solo son las piedras, Arauco.

ALTURAS DE MACCHU PICCHU

1

Del aire al aire, como una red vacía,
iba yo entre las calles y la atmósfera, llegando y
despidiendo,
en el advenimiento del otoño la moneda extendida
de las hojas, y entre la primavera y las espigas,
lo que el más grande amor, como dentro de un guante
que cae, nos entrega como una larga luna.

(Días de fulgor vivo en la intemperie
de los cuerpos: aceros convertidos
al silencio del ácido:
noches deshilachadas hasta la última harina:
estambres agredidos de la patria nupcial.)

Alguien que me esperó entre los violines
encontró un mundo como una torre enterrada
hundiendo su espiral más abajo de todas
las hojas de color de ronco azufre:
más abajo, en el oro de la geología,
como una espada envuelta en meteoros,

hundí la mano turbulenta y dulce
en lo más genital de lo terrestre.

Puse la frente entre las olas profundas,
descendí como gota entre la paz sulfúrica,
y, como un ciego, regresé al jazmín
de la gastada primavera humana.

2

Entonces en la escala de la tierra he subido
entre la atroz maraña de las selvas perdidas
hasta ti, Macchu Picchu.

Alta ciudad de piedras escalares,
por fin morada del que lo terrestre
no escondió en las dormidas vestiduras.
En ti, como dos líneas paralelas,
la cuna del relámpago y del hombre
se mecían en un viento de espinas.

Madre de piedra, espuma de los cóndores.

Alto arrecife de la aurora humana.

Pala perdida en la primera arena.

Esta fue la morada, este es el sitio:
aquí los anchos granos del maíz ascendieron
y bajaron de nuevo como granizo rojo.

Aquí la hebra dorada salió de la vicuña
a vestir los amores, los túmulos, las madres,
el rey, las oraciones, los guerreros.

Aquí los pies del hombre descansaron de noche
junto a los pies del águila, en las altas guaridas
carniceras, y en la aurora
pisaron con los pies del trueno la niebla enrarecida,
y tocaron las tierras y las piedras
hasta reconocerlas en la noche o la muerte.

Miro las vestiduras y las manos,
el vestigio del agua en la oquedad sonora,
la pared suavizada por el tacto de un rostro
que miró con mis ojos las lámparas terrestres,
que aceitó con mis manos las desaparecidas
maderas: porque todo, ropaje, piel, vasijas,
palabras, vino, panes,
se fue, cayó a la tierra.

Y el aire entró con dedos
de azahar sobre todos los dormidos:
mil años de aire, meses, semanas de aire,
de viento azul, de cordillera férrea,
que fueron como suaves huracanes de pasos
lustrando el solitario recinto de la piedra.

3

Piedra en la piedra, el hombre, dónde estuvo?
Aire en el aire, el hombre, dónde estuvo?
Tiempo en el tiempo, el hombre, dónde estuvo?
Fuiste también el pedacito roto
de hombre inconcluso, de águila vacía
que por las calles de hoy, que por las huellas,
que por las hojas del otoño muerto
va machacando el alma hasta la tumba?
La pobre mano, el pie, la pobre vida...

Los días de la luz deshilachada
en ti, como la lluvia
sobre las banderillas de la fiesta,
dieron pétalo a pétalo de su alimento oscuro
en la boca vacía?
Hambre, coral del hombre,
hambre, planta secreta, raíz de los leñadores,
hambre, subió tu raya de arrecife
hasta estas altas torres desprendidas?

Yo te interrogo, sal de los caminos,
muéstrame la cuchara, déjame, arquitectura,
roer con un palito los estambres de piedra,
subir todos los escalones del aire hasta el vacío.
rascar la entraña hasta tocar el hombre.

Macchu Picchu, pusiste
piedra en la piedra, y en la base, harapo?
Carbón sobre carbón, y en el fondo la lágrima?
Fuego en el oro, y en él, temblando el rojo
goterón de la sangre?
Devuélveme el esclavo que enterraste!
Sacude de las tierras el pan duro
del miserable, muéstrame los vestidos
del siervo y su ventana.
Dime cómo durmió cuando vivía.
Dime si fue su sueño
ronco, entreabierto, como un hoyo negro
hecho por la fatiga sobre el muro.
El muro, el muro! Si sobre su sueño
gravitó cada piso de piedra, y si cayó bajo ella
como bajo una luna, con el sueño!
Antigua América, novia sumergida,
también tus dedos,
al salir de la selva hacia el alto vacío de los dioses,

bajo los estandartes nupciales de la luz y el decoro,
mezclándose al trueno de los tambores y de las lanzas,
también, también tus dedos,
los que la rosa abstracta y la línea del frío, los
que el pecho sangriento del nuevo cereal trasladaron
hasta la tela de materia radiante, hasta las duras
cavidades,
también, también, América enterrada, guardaste en lo
más bajo,
en el amargo intestino, como un águila, el hambre?

4

Sube a nacer conmigo, hermano.

Dame la mano desde la profunda
zona de tu dolor diseminado.
No volverás del fondo de las rocas.
No volverás del tiempo subterráneo.
No volverá tu voz endurecida.
No volverán tus ojos taladrados.
Mírame desde el fondo de la tierra,
labrador, tejedor, pastor callado:
domador de guanacos tutelares:
albañil del andamio desafiado:
aguador de las lágrimas andinas:
joyero de los dedos machacados:
agricultor temblando en la semilla:
alfarero en tu greda derramado:
traed a la copa de esta nueva vida
vuestros viejos dolores enterrados.
Mostradme vuestra sangre y vuestro surco,
decidme: aquí fui castigado,
porque la joya no brilló o la tierra

no entregó a tiempo la piedra o el grano:
señaladme la piedra en que caísteis
y la madera en que os crucificaron,
encendedme los viejos pedernales,
las viejas lámparas, los látigos pegados
a través de los siglos en las llagas
y las hachas de brillo ensangrentado.
Yo vengo a hablar por vuestra boca muerta.
A través de la tierra juntad todos
los silenciosos labios derramados
y desde el fondo habladme toda esta larga noche
como si yo estuviera con vosotros anclado,
contadme todo, cadena a cadena,
eslabón a eslabón, y paso a paso,
afilad los cuchillos que guardasteis,
ponedlos en mi pecho y en mi mano,
como un río de rayos amarillos,
como un río de tigres enterrados,
y dejadme llorar, horas, días, años,
edades ciegas, siglos estelares.

Dadme el silencio, el agua, la esperanza.

Dadme la lucha, el hierro, los volcanes.

Apegadme los cuerpos como imanes.

Acudid a mis venas y a mi boca.

Hablad por mis palabras y mi sangre.

LOS CONQUISTADORES

Ccollanan Pachacutec! Ricuy
anceacunac yahuarniy richacaucuta!

TÚPAC AMARU 1

1

AHORA ES CUBA

Y luego fue la sangre y la ceniza.

Después quedaron las palmeras solas.

Cuba, mi amor, te amarraron al potro,
te cortaron la cara,
te apartaron las piernas de oro pálido,
te rompieron el sexo de granada,
te atravesaron con cuchillos,
te dividieron, te quemaron.

Por los valles de la dulzura
bajaron los exterminadores,

y en los altos mogotes la cimera
de tus hijos se perdió en la niebla,
pero allí fueron alcanzados
uno a uno hasta morir,
despedazados en el tormento
sin su tierra tibia de flores
que huía bajo sus plantas.

Cuba, mi amor, qué escalofrío
te sacudió de espuma a espuma,
hasta que te hiciste pureza,
soledad, silencio, espesura,
y los huesitos de tus hijos
se disputaron los cangrejos.

2

LLEGAN AL MAR DE MÉXICO
(1519)

A Veracruz va el viento asesino.
En Veracruz desembarcan los caballos.
Las barcas van apretadas de garras
y barbas rojas de Castilla.
Son Arias, Reyes, Rojas, Maldonados,
hijos del desamparo castellano,
conocedores del hambre en invierno
y de los piojos en los mesones.

Qué miran acodados al navío?
Cuánto de lo que viene y del perdido
pasado, del errante
viento feudal en la patria azotada?

No salieron de los puertos del Sur
a poner las manos del pueblo
en el saqueo y en la muerte:
ellos ven verdes tierras, libertades,
cadenas rotas, construcciones,
y desde el barco, las olas que se
extinguen
sobre las costas de compacto misterio.

Irían a morir o revivir detrás
de las palmeras, en el aire caliente
que, como un horno extraño, la total
bocanada
hacia ellos dirigen las tierras
quemadoras?
Eran pueblo, cabezas hirsutas de
Montiel,
manos duras y rotas de Ocaña y
Piedrahíta,
brazos de herreros, ojos de niños
que miraban el sol terrible y las
palmeras.

El hambre antigua de Europa, hambre como la cola
de un planeta mortal, poblaba el buque,
el hambre estaba allí, desmantelada,
errabunda hacha fría, madrastra
de los pueblos, el hambre echa los dados
en la navegación, sopla las velas:
«Más allá, que te como, más allá,
que regresas
a la madre, al hermano, al juez y al cura,
a los inquisidores, al infierno, a la peste.
Más allá, más allá, lejos del piojo,

del látigo feudal, del calabozo,
de las galeras llenas de excremento».

Y los ojos de Núñez y Bernales
clavaban en la ilimitada
luz el reposo,
una vida, otra vida,
la innumerable y castigada
familia de los pobres del mundo.

3

CHOLULA

En Cholula los jóvenes visten
su mejor tela, oro y plumajes,
calzados para el festival
interrogan al invasor.

La muerte les ha respondido.

Miles de muertos allí están.
Corazones asesinados
que palpitan allí tendidos
y que, en la húmeda sima que abrieron,
guardan el hilo de aquel día.
(Entraron matando a caballo,
cortaron la mano que daba
el homenaje de oro y flores,
cerraron la plaza, cansaron
los brazos hasta agarrotarse,
matando la flor del reinado,
hundiendo hasta el codo en la sangre
de mis hermanos sorprendidos.)

4

GUATEMALA

Guatemala la dulce, cada losa
de tu mansión lleva una gota
de sangre antigua devorada
por el hocico de los tigres.
Alvarado machacó tu estirpe,
quebró las estelas astrales,
se revolcó en tus martirios.

Y en Yucatán entró el obispo
detrás de los pálidos tigres.
Juntó la sabiduría
más profunda oída en el aire
del primer día del mundo,
cuando el primer maya escribió
anotando el temblor del río,
la ciencia del polen, la ira
de los Dioses del Envoltorio,
las migraciones a través
de los primeros universos,
las leyes de la colmena,
el secreto del ave verde,
el idioma de las estrellas,
secretos del día y la noche
cogidos en las orillas
del desarrollo terrenal!

5

DUERME UN SOLDADO

Extraviado en los límites espesos
llegó el soldado. Era total fatiga
y cayó entre las lianas y las hojas,
al pie del Gran Dios emplumado:
este
estaba solo con su mundo apenas
surgido de la selva.
                                        Miró al soldado
extraño nacido del océano.
Miró sus ojos, su barba sangrienta,
su espada, el brillo negro
de la armadura, el cansancio caído
como la bruma sobre esa cabeza
de niño carnicero.
Cuántas zonas
de oscuridad para que el Dios de Pluma
naciera y enroscara su volumen
sobre los bosques, en la piedra rosada,
cuánto desorden de aguas locas
y de noche salvaje, el desbordado
cauce de la luz sin nacer, el fermento rabioso
de las vidas, la destrucción, la harina
de la fertilidad y luego el orden,
el orden de la planta y de la secta,
la elevación de las rocas cortadas,
el humo de las lámparas rituales,
la firmeza del suelo para el hombre,
el establecimiento de las tribus,
el tribunal de los dioses terrestres.
Palpitó cada escama de la piedra,
sintió el pavor caído

como una invasión de insectos,
recogió todo su poderío,
hizo llegar la lluvia a las raíces,
habló con las corrientes de la tierra,
oscuro en su vestido
de piedra cósmica inmovilizada,
y no pudo mover garras ni dientes,
ni ríos, ni temblores,
ni meteoros que silbaran
en la bóveda del reinado,

y quedó allí, piedra inmóvil, silencio,

mientras Beltrán de Córdoba dormía.

6

ELEGÍA

Solo, en las soledades
quiero llorar como los ríos, quiero
oscurecer, dormir
como tu antigua noche mineral.

Por qué llegaron las llaves radiantes
hasta las manos del bandido? Levántate,
materna Ocllo, descansa tu secreto
en la fatiga larga de esta noche
y echa en mis venas tu consejo.
Aún no te pido el sol de los Yupanquis.
Te hablo dormido, llamando
de tierra a tierra, madre
peruana, matriz cordillera.

Cómo entró en tu arenal recinto
la avalancha de los puñales?

Inmóvil en tus manos,
siento extenderse los metales
en los canales del subsuelo.
Estoy hecho de tus raíces,
pero no entiendo, no me entrega
la tierra su sabiduría,
no veo sino noche y noche
bajo las tierras estrelladas.
Qué sueño sin sentido, de serpiente,
se arrastró hasta la línea colorada?
Ojos del duelo, planta tenebrosa.
Cómo llegaste a este viento vinagre,
cómo entre los peñascos de la ira
no levantó Capac su tiara
de arcilla deslumbrante?

Dejadme bajo los pabellones
padecer y hundirme como
la raíz muerta que no dará esplendor.
Bajo la dura noche dura
bajaré por la tierra hasta llegar
a la boca del oro.

Quiero extenderme en la piedra nocturna.

Quiero llegar allí con la desdicha.

7

ERCILLA

Piedras de Arauco y desatadas rosas
fluviales, territorios de raíces,
se encuentran con el hombre que ha llegado de España.
Invaden su armadura con gigantesco liquen.
Atropellan su espada las sombras del helecho.
La yedra original pone manos azules
en el recién llegado silencio del planeta.
Hombre, Ercilla sonoro, oigo el pulso del agua
de tu primer amanecer, un frenesí de pájaros
y un trueno en el follaje.
Deja, deja tu huella
de águila rubia, destroza
tu mejilla contra el maíz salvaje,
todo será en la tierra devorado.
Sonoro, solo tú no beberás la copa
de sangre, sonoro, solo al rápido
fulgor de ti nacido
llegará la secreta boca del tiempo en vano
para decirte: en vano.
En vano, en vano
sangre por los ramajes de cristal salpicado,
en vano por las noches del puma
el desafiante paso del soldado,
las órdenes,
los pasos
del herido.
Todo vuelve al silencio coronado de plumas
en donde un rey remoto devora enredaderas.

LOS LIBERTADORES

1

EL CORAZÓN DE PEDRO DE VALDIVIA

Llevamos a Valdivia bajo el árbol.

Era un azul de lluvia, la mañana con fríos
filamentos de sol deshilachado.
Toda la gloria, el trueno,
turbulentos yacían
en un montón de acero herido.
El canelo elevaba su lenguaje
y un fulgor de luciérnaga mojada
en toda su pomposa monarquía.

Trajimos tela y cántaro, tejidos
gruesos como las trenzas conyugales,
alhajas como almendras de la luna,
y los tambores que llenaron
la Araucanía con su luz de cuero.
Colmamos las vasijas de dulzura
y bailamos golpeando los terrones
hechos de nuestra propia estirpe oscura.

Luego golpeamos el rostro enemigo.

Luego cortamos el valiente cuello.

Qué hermosa fue la sangre del verdugo
que repartimos como una granada,
mientras ardía viva todavía.
Luego, en el pecho entramos una lanza
y el corazón alado como un ave
entregamos al árbol araucano.
Subió un rumor de sangre hasta su copa.

Entonces, de la tierra
hecha de nuestros cuerpos, nació el canto
de la guerra, del sol, de las cosechas,
hacia la magnitud de los volcanes.
Entonces repartimos el corazón sangrante.
Yo hundí los dientes en aquella corola
cumpliendo el rito de la tierra:

> «Dame tu frío, extranjero malvado.
> Dame tu valor de gran tigre.
> Dame en tu sangre tu cólera.
> Dame tu muerte para que me siga
> y lleve el espanto a los tuyos.
> Dame la guerra que trajiste.
> Dame tu caballo y tus ojos.
> Dame la tiniebla torcida.
> Dame la madre del maíz.
> Dame la lengua del caballo.
> Dame la patria sin espinas.
> Dame la paz vencedora.
> Dame el aire donde respira
> el canelo, señor florido».

2

TÚPAC AMARU
(1781)

Condorcanqui Túpac Amaru,
sabio señor, padre justo,
viste subir a Tungasuca
la primavera desolada
de los escalones andinos,
y con ella sal y desdicha,
iniquidades y tormentos.

Señor Inca, padre cacique,
todo en tus ojos se guardaba
como en un cofre calcinado
por el amor y la tristeza.
El indio te mostró la espalda
en que las nuevas mordeduras
brillaban en las cicatrices
de otros castigos apagados,
y era una espalda y otra espalda,
toda la altura sacudida
por las cascadas del sollozo.

Era un sollozo y otro sollozo.
Hasta que armaste la jornada
de los pueblos color de tierra,
recogiste el llanto en tu copa
y endureciste los senderos.
Llegó el padre de las montañas,
la pólvora levantó caminos,
y hacia los pueblos humillados
llegó el padre de la batalla.
Tiraron la manta en el polvo,

se unieron los viejos cuchillos,
y la caracola marina
llamó los vínculos dispersos.
Contra la piedra sanguinaria,
contra la inercia desdichada,
contra el metal de las cadenas.
Pero dividieron tu pueblo
y al hermano contra el hermano
enviaron, hasta que cayeron
las piedras de tu fortaleza.
Ataron tus miembros cansados
a cuatro caballos rabiosos
y descuartizaron la luz
del amanecer implacable.

Túpac Amaru, sol vencido,
desde tu gloria desgarrada
sube como el sol en el mar
una luz desaparecida.
Los hondos pueblos de la arcilla,
los telares sacrificados,
las húmedas casas de arena
dicen en silencio: «Túpac»,
y Túpac es una semilla,
dicen en silencio: «Túpac»,
y Túpac se guarda en el surco,
dicen en silencio: «Túpac»,
y Túpac germina en la tierra.

3

AMÉRICA INSURRECTA
(1800)

Nuestra tierra, ancha tierra, soledades,
se pobló de rumores, brazos, bocas.
Una callada sílaba iba ardiendo,
congregando la rosa clandestina,
hasta que las praderas trepidaron
cubiertas de metales y galopes.

Fue dura la verdad como un arado.

Rompió la tierra, estableció el deseo,
hundió sus propagandas germinales
y nació en la secreta primavera.
Fue callada su flor, fue rechazada
su reunión de luz, fue combatida
la levadura colectiva, el beso
de las banderas escondidas,
pero surgió rompiendo las paredes,
apartando las cárceles del suelo.

El pueblo oscuro fue su copa,
recibió la substancia rechazada,
la propagó en los límites marítimos,
la machacó en morteros indomables.
Y salió con las páginas golpeadas
y con la primavera en el camino.
Hora de ayer, hora de mediodía,
hora de hoy otra vez, hora esperada
entre el minuto muerto y el que nace,
en la erizada edad de la mentira.

Patria, naciste de los leñadores,
de hijos sin bautizar, de carpinteros,
de los que dieron como un ave extraña
una gota de sangre voladora,
y hoy nacerás de nuevo duramente,
desde donde el traidor y el carcelero
te creen para siempre sumergida.

Hoy nacerás del pueblo como entonces.

Hoy saldrás del carbón y del rocío.
Hoy llegarás a sacudir las puertas
con manos maltratadas, con pedazos
de alma sobreviviente, con racimos
de miradas que no extinguió la muerte,
con herramientas hurañas
armadas bajo los harapos.

4

BERNARDO O'HIGGINS RIQUELME
(1810)

O'Higgins, para celebrarte
a media luz hay que alumbrar la sala.
A media luz del sur en otoño
con temblor infinito de álamos.

Eres Chile, entre patriarca y huaso,
eres un poncho de provincia, un niño
que no sabe su nombre todavía,
un niño férreo y tímido en la escuela,
un jovencito triste de provincia.
En Santiago te sientes mal, te miran

el traje negro que te queda largo,
y al cruzarte la banda, la bandera
de la patria que nos hiciste,
tenía olor de yuyo matutino
para tu pecho de estatua campestre.

Joven, tu profesor Invierno
te acostumbró a la lluvia
y en la Universidad de las calles de Londres
la niebla y la pobreza te otorgaron sus títulos
y un elegante pobre, errante incendio
de nuestra libertad,
te dio consejos de águila prudente
y te embarcó en la Historia.

«Cómo se llama usted?», reían
los «caballeros» de Santiago:
hijo de amor, de una noche de invierno,
tu condición de abandonado
te construyó con argamasa agreste,
con seriedad de casa o de madera
trabajada en el Sur, definitiva.
Todo lo cambia el tiempo, todo menos tu rostro.

Eres, O'Higgins, reloj invariable
con una sola hora en tu cándida esfera:
la hora de Chile, el único minuto
que permanece en el horario rojo
de la dignidad combatiente.

Así estarás igual entre los muebles
de palisandro y las hijas de Santiago,
que rodeado en Rancagua por la muerte y la pólvora.

Eres el mismo sólido retrato

de quien no tiene padre sino patria,
de quien no tiene novia sino aquella
tierra con azahares
que te conquistará la artillería.

Te veo en el Perú escribiendo cartas.
No hay desterrado igual, mayor exilio.
Es toda la provincia desterrada.

Chile se iluminó como un salón
cuando no estabas. En derroche,
un rigodón de ricos substituye
tu disciplina de soldado ascético,
y la patria ganada por tu sangre
sin ti fue gobernada como un baile
que mira el pueblo hambriento desde fuera.

Ya no podías entrar en la fiesta
con sudor, sangre y polvo de Rancagua.
Hubiera sido de mal tono
para los caballeros capitales.
Hubiera entrado contigo el camino,
un olor de sudor y de caballos,
el olor de la patria en Primavera.

No podías estar en este baile.
Tu fiesta fue un castillo de explosiones.
Tu baile desgreñado es la contienda.
Tu fin de fiesta fue la sacudida
de la derrota, el porvenir aciago
hacia Mendoza, con la patria en brazos.

Ahora mira en el mapa hacia abajo,
hacia el delgado cinturón de Chile
y coloca en la nieve soldaditos,

jóvenes pensativos en la arena,
zapadores que brillan y se apagan.

Cierra los ojos, duerme, sueña un poco,
tu único sueño, el único que vuelve
hacia tu corazón: una bandera
de tres colores en el Sur, cayendo
la lluvia, el sol rural sobre tu tierra,
los disparos del pueblo en rebeldía
y dos o tres palabras tuyas cuando
fueran estrictamente necesarias.
Si sueñas, hoy tu sueño está cumplido.
Suéñalo, por lo menos, en la tumba.
No sepas nada más porque, como antes,
después de las batallas victoriosas,
bailan los señoritos en Palacio
y el mismo rostro hambriento
mira desde la sombra de las calles.
Pero hemos heredado tu firmeza,
tu inalterable corazón callado,
tu indestructible posición paterna,
y tú, entre la avalancha cegadora
de húsares del pasado, entre los ágiles
uniformes azules y dorados,
estás hoy con nosotros, eres nuestro,
padre del pueblo, inmutable soldado.

5

MINA
(1817)

Mina, de las vertientes montañosas
llegaste como un hilo de agua dura.

España clara, España transparente
te parió entre dolores, indomable,
y tienes la dureza luminosa
del agua torrencial de las montañas.

Largamente, en los siglos y las tierras,
sombra y fulgor en tu cuna lucharon,
uñas rampantes degollaban
la claridad del pueblo
y los antiguos halconeros,
en sus almenas eclesiásticas,
acechaban el pan, negaban
entrada al río de los pobres.

Pero siempre en la torre despiadada,
España, hiciste un hueco
al diamante rebelde y a su estirpe
de luz agonizante y renaciente.

No en vano el estandarte de Castilla
tiene el color del viento comunero,
no en vano por tus cuencas de granito
corre la luz azul de Garcilaso,
no en vano en Córdoba, entre arañas
sacerdotales, deja Góngora
sus bandejas de pedrería
aljofaradas por el hielo.

España, entre tus garras
de cruel antigüedad, tu pueblo puro
sacudió las raíces del tormento,
sufragó las acémilas feudales
con invencible sangre derramada,
y en ti la luz, como la sombra, es vieja,
gastada en devorantes cicatrices.

Junto a la paz del albañil cruzada
por la respiración de las encinas,
junto a los manantiales estrellados
en que cintas y sílabas relucen.
sobre tu edad, como un temblor sombrío,
vive en su escalinata el gerifalte.

Hambre y dolor fueron la sílice
de tus arenas ancestrales
y un tumulto sordo, enredado
a las raíces de tus pueblos,
dio a la libertad del mundo
una eternidad de relámpagos,
de cantos y de guerrilleros.

Las hondonadas de Navarra
guardaron el rayo reciente.
Mina sacó del precipicio
el collar de sus guerrilleros:
de las aldeas invadidas,
de las poblaciones nocturnas
extrajo el fuego, alimentó
la abrasadora resistencia,
atravesó fuentes nevadas,
atacó en rápidos recodos,
surgió de los desfiladeros,
brotó de las panaderías.

Lo sepultaron en prisiones,
y al alto viento de la sierra
retornó, revuelto y sonoro,
su manantial intransigente.

A América lo lleva el viento
de la libertad española,

y de nuevo atraviesa bosques
y fertiliza las praderas
su corazón inagotable.

En nuestra lucha, en nuestra tierra
se desangraron sus cristales,
luchando por la libertad
indivisible y desterrada.

En México ataron el agua
de las vertientes españolas.
Y quedó inmóvil y callada
su transparencia caudalosa.

6

MIRANDA MUERE EN LA NIEBLA
(1816)

Si entráis a Europa tarde con sombrero
de copa en el jardín condecorado
por más de un Otoño junto al mármol
de la fuente mientras caen hojas
de oro harapiento en el Imperio
si la puerta recorta una figura
sobre la noche de San Petersburgo
tiemblan los cascabeles del trineo
y alguien en la soledad blanca alguien
el mismo paso la misma pregunta
si tú sales por la florida puerta
de Europa un caballero sombra traje
inteligencia signo cordón de oro
Libertad Igualdad mira su frente
entre la artillería que truena

si en las Islas la alfombra lo conoce
la que recibe océanos Pase usted Ya lo creo
Cuántas embarcaciones Y la niebla
siguiendo paso a paso su jornada
si en las cavidades de logias librerías
hay alguien guante espada con un mapa
con la carpeta pululante llena
de poblaciones de navíos de aire
si en Trinidad hacia la costa el humo
de un combate y de otro el mar de nuevo
y otra vez la escalera de Bay Street la atmósfera
que lo recibe impenetrable
como un compacto interior de manzana
y otra vez esta mano patricia este azulado
guante guerrero en la antesala
largos caminos guerras y jardines
la derrota en sus labios otra sal
otra sal otro vinagre ardiente
si en Cádiz amarrado al muro
por la gruesa cadena su pensamiento el frío
horror de espada el tiempo el cautiverio
si bajáis subterráneos entre ratas
y la mampostería leprosa otro cerrojo
en un cajón de ahorcado el viejo rostro
en donde ha muerto ahogada una palabra
una palabra nuestro nombre la tierra
hacia donde querían ir sus pasos
la libertad para su fuego errante
lo bajan con cordeles a la mojada
tierra enemiga nadie saluda hace frío
hace frío de tumba en Europa

7

MANUEL RODRÍGUEZ

CUECA

Señora, dicen que dónde,
mi madre dicen, dijeron,
el agua y el viento dicen
que vieron al guerrillero.

VIDA Puede ser un obispo,
puede y no puede,
puede ser solo el viento
sobre la nieve:
sobre la nieve, sí,
madre, no mires,
que viene galopando
Manuel Rodríguez.
Ya viene el guerrillero
por el estero.

CUECA

PASIÓN Saliendo de Melipilla,
corriendo por Talagante,
cruzando por San Fernando,
amaneciendo en Pomaire.

Pasando por Rancagua,
por San Rosendo,
por Cauquenes, por Chena,
por Nacimiento:

por Nacimiento, sí,
desde Chiñigüe,
por todas partes viene
Manuel Rodríguez.
Pásale este clavel.
Vamos con él.

CUECA

Y MUERTE Que se apague la guitarra,
que la patria está de duelo.
Nuestra tierra se oscurece.
Mataron al guerrillero.

En Til-Til lo mataron
los asesinos,
su espalda está sangrando
sobre el camino:
sobre el camino, sí.

Quién lo diría,
él, que era nuestra sangre,
nuestra alegría.

La tierra está llorando.
Vamos callando.

8

SUCRE

Sucre en las altas tierras, desbordando
el amarillo perfil de los montes,

Hidalgo cae, Morelos recoge
el sonido, el temblor de una campana
propagado en la tierra y en la sangre.
Páez recorre los caminos
repartiendo aire conquistado,
cae el rocío en Cundinamarca
sobre la fraternidad de las heridas,
el pueblo insurge inquieto
desde la latitud a la secreta
célula, emerge un mundo
de despedidas y galopes,
nace a cada minuto una bandera
como una flor anticipada:
banderas hechas de pañuelos
sangrientos y de libros libres,
banderas arrastradas al polvo
de los caminos, destrozadas
por la caballería, abiertas
por estampidos y relámpagos.

LAS BANDERAS

Nuestras banderas de aquel tiempo
fragante, bordadas apenas,
nacidas apenas, secretas
como un profundo amor, de pronto
encarnizadas en el viento
azul de la pólvora amada.

América, extensa cuna, espacio
de estrella, granada madura,
de pronto se llenó de abejas
tu geografía, de susurros
conducidos por los adobes

y las piedras, de mano en mano,
se llenó de trajes la calle
como un panal atolondrado.

En la noche de los disparos
el baile brillaba en los ojos,
subía como una naranja
el azahar a las camisas,
besos de adiós, besos de harina,
el amor amarraba besos,
y la guerra cantaba con
su guitarra por los caminos.

9

CASTRO ALVES DEL BRASIL

Castro Alves del Brasil, tú para quién cantaste?
Para la flor cantaste? Para el agua
cuya hermosura dice palabras a las piedras?
Cantaste para los ojos, para el perfil cortado
de la que amaste entonces? Para la primavera?

Sí, pero aquellos pétalos no tenían rocío,
aquellas aguas negras no tenían palabras,
aquellos ojos eran los que vieron la muerte,
ardían los martirios aun detrás del amor,
la primavera estaba salpicada de sangre.

—Canté para los esclavos, ellos sobre los barcos
como el racimo oscuro del árbol de la ira
viajaron, y en el puerto se desangró el navío
dejándonos el peso de una sangre robada.

—Canté en aquellos días contra el infierno,
contra las afiladas lenguas de la codicia,
contra el oro empapado en el tormento,
contra la mano que empuñaba el látigo,
contra los directores de tinieblas.

—Cada rosa tenía un muerto en sus raíces.
La luz, la noche, el cielo se cubrían de llanto,
los ojos se apartaban de las manos heridas
y era mi voz la única que llenaba el silencio.

—Yo quise que del hombre nos salváramos,
yo creía que la ruta pasaba por el hombre,
y que de allí tenía que salir el destino.
Yo canté para aquellos que no tenían voz.
Mi voz golpeó las puertas hasta entonces cerradas
para que, combatiendo, la Libertad entrase.

Castro Alves del Brasil, hoy que tu libro puro
vuelve a nacer para la tierra libre,
déjame a mí, poeta de nuestra pobre América,
coronar tu cabeza con el laurel del pueblo.
Tu voz se unió a la eterna y alta voz de los hombres.
Cantaste bien. Cantaste como debe cantarse.

10

A EMILIANO ZAPATA, CON MÚSICA DE TATA NACHO

Cuando arreciaron los dolores
en la tierra, y los espinares desolados
fueron la herencia de los campesinos,
y como antaño, las rapaces
barbas ceremoniales, y los látigos,

entonces, flor y fuego galopado...

Borrachita me voy
hacia la capital

se encabritó en el alba transitoria
la tierra sacudida de cuchillos,
el peón de sus amargas madrigueras
cayó como un elote desgranado
sobre la soledad vertiginosa.

a pedirle al patrón
que me mandó llamar

Zapata entonces fue tierra y aurora.
En todo el horizonte aparecía
la multitud de su semilla armada.
En un ataque de aguas y fronteras
el férreo manantial de Coahuila,
las estelares piedras de Sonora:
todo vino a su paso adelantado,
a su agraria tormenta de herraduras.

que si se va del rancho
muy pronto volverá

Reparte el pan, la tierra:
te acompaño.
Yo renuncio a mis párpados celestes.
Yo, Zapata, me voy con el rocío
de las caballerías matutinas,
en un disparo desde los nopales
hasta las casas de pared rosada.

... cintitas pa tu pelo
no llores por tu Pancho...

La luna duerme sobre las monturas.
La muerte amontonada y repartida
yace con los soldados de Zapata.
El sueño esconde bajo los baluartes
de la pesada noche su destino,
su incubadora sábana sombría.
La hoguera agrupa el aire desvelado:
grasa, sudor y pólvora, nocturna.

... Borrachita me voy
para olvidarte...

Pedimos patria para el humillado.
Tu cuchillo divide el patrimonio
y tiros y corceles amedrentan
los castigos, la barba del verdugo.
La tierra se reparte con un rifle.
No esperes, campesino polvoriento,
después de tu sudor la luz completa
y el cielo parcelado en tus rodillas.
Levántate y galopa con Zapata.

... Yo la quise traer
dijo que no...

México, huraña agricultura, amada
tierra entre los oscuros repartida:
de las espadas del maíz salieron
al sol tus centuriones sudorosos.

De la nieve del Sur vengo a cantarte.

Déjame galopar en tu destino
y llenarme de pólvora y arados.

... Que si habrá de llorar
pa qué volver...

11

SANDINO
(1926)

Fue cuando en tierra nuestra
se enterraron
las cruces, se gastaron
inválidas, profesionales.
Llegó el dólar de dientes agresivos
a morder territorio,
en la garganta pastoril de América.
Agarró Panamá con fauces duras,
hundió en la tierra fresca sus colmillos,
chapoteó en barro, whisky, sangre,
y juró un Presidente con levita:
«Sea con nosotros el soborno
de cada día».
Luego, llegó el acero,
y el canal dividió las residencias,
aquí los amos, allí la servidumbre.

Corrieron hacia Nicaragua.

Bajaron, vestidos de blanco,
tirando dólares y tiros.
Pero allí surgió un capitán
que dijo: «No, aquí no pones

tus concesiones, tu botella».
Le prometieron un retrato
de Presidente, con guantes,
banda terciada y zapatitos
de charol recién adquiridos.
Sandino se quitó las botas,
se hundió en los trémulos pantanos,
se terció la banda mojada
de la libertad en la selva,
y, tiro a tiro, respondió
a los «civilizadores».

La furia norteamericana
fue indecible: documentados
embajadores convencieron
al mundo que su amor era
Nicaragua, que alguna vez
el orden debía llegar
a sus entrañas soñolientas.

Sandino colgó a los intrusos.

Los héroes de Wall Street
fueron comidos por la ciénaga,
un relámpago los mataba,
más de un machete los seguía,
una soga los despertaba
como una serpiente en la noche,
y colgando de un árbol eran
acarreados lentamente
por coleópteros azules
y enredaderas devorantes.

Sandino estaba en el silencio,
en la Plaza del Pueblo, en todas

partes estaba Sandino,
matando norteamericanos,
ajusticiando invasores.
Y cuando vino la aviación,
la ofensiva de los ejércitos
acorazados, la incisión
de aplastadores poderíos,
Sandino con sus guerrilleros,
como un espectro de la selva,
era un árbol que se enroscaba
o una tortuga que dormía
o un río que se deslizaba.
Pero árbol, tortuga, corriente
fueron la muerte vengadora,
fueron sistema de la selva,
mortales síntomas de araña.

(En 1948
un guerrillero
de Grecia, columna de Esparta,
fue la urna de luz atacada
por los mercenarios del dólar.
Desde los montes echó fuego
sobre los pulpos de Chicago,
y como Sandino, el valiente
de Nicaragua, fue llamado
«bandolero de las montañas».)

Pero cuando fuego, sangre
y dólar no destruyeron
la torre altiva de Sandino,
los guerreros de Wall Street
hicieron la paz, invitaron
a celebrarla al guerrillero,

y un traidor recién alquilado

le disparó su carabina.

Se llama Somoza. Hasta hoy
está reinando en Nicaragua:
los treinta dólares crecieron
y aumentaron en su barriga.

Esta es la historia de Sandino,
capitán de Nicaragua,
encarnación desgarradora
de nuestra arena traicionada,
dividida y acometida,
martirizada y saqueada.

12

(NOCTURNO)

Ven al circuito del desierto,
a la alta aérea noche de la pampa,
al círculo nocturno, espacio y astro,
donde la zona del Tamarugal recoge
todo el silencio perdido en el tiempo.

Mil años de silencio en una copa
de azul calcáreo, de distancia y luna,
labran la geografía desnuda de la noche.

Yo te amo, pura tierra, como tantas
cosas amé contrarias:
la flor, la calle, la abundancia, el rito.

Yo te amo, hermana pura del océano.
Para mí fue difícil esta escuela vacía
en que no estaba el hombre, ni el muro, ni la planta
para apoyarme en algo.

Estaba solo.
Era llanura y soledad la vida.

Era este el pecho varonil del mundo.

Y amé el sistema de tu forma recta,

la extensa precisión de tu vacío.

LA ARENA TRAICIONADA

LA UNITED FRUIT CO.

Cuando sonó la trompeta, estuvo
todo preparado en la tierra
y Jehová repartió el mundo
a Coca-Cola Inc., Anaconda,
Ford Motors, y otras entidades:
la Compañía Frutera Inc.
se reservó lo más jugoso,
la costa central de mi tierra,
la dulce cintura de América.
Bautizó de nuevo sus tierras
como «Repúblicas Bananas»
y sobre los muertos dormidos,
sobre los héroes inquietos
que conquistaron la grandeza,
la libertad y las banderas,
estableció la ópera bufa:
enajenó los albedríos,
regaló coronas de César,
desenvainó la envidia, atrajo
la dictadura de las moscas,

moscas Trujillo, moscas Tachos,
moscas Carías, moscas Martínez,
moscas Ubico, moscas húmedas
de sangre humilde y mermelada,
moscas borrachas que zumban
sobre las tumbas populares,
moscas de circo, sabias moscas
entendidas en tiranía.

Entre las moscas sanguinarias
la Frutera desembarca,
arrasando el café y las frutas
en sus barcos que deslizaron
como bandejas el tesoro
de nuestras tierras sumergidas.

Mientras tanto, por los abismos
azucarados de los puertos,
caían indios sepultados
en el vapor de la mañana:
un cuerpo rueda, una cosa
sin nombre, un número caído,
un racimo de fruta muerta
derramada en el pudridero.

LOS INDIOS

El indio huyó desde su piel al fondo
de antigua inmensidad de donde un día
subió como las islas: derrotado,
se transformó en atmósfera invisible,
se fue abriendo en la tierra, derramando
su secreta señal sobre la arena.

El que gastó la luna, el que peinaba
la misteriosa soledad del mundo,
el que no transcurrió sin levantarse
en altas piedras de aire coronadas,
el que duró como la luz celeste
bajo la magnitud de su arboleda,
se gastó de repente hasta ser hilo,
se convirtió en arrugas,
desmenuzó sus torres torrenciales
y recibió su paquete de harapos.

Yo lo vi en las alturas imantadas
de Amatitlán, royendo las orillas
del agua impenetrable: anduve un día
sobre la majestad abrumadora
del monte boliviano, con sus restos
de pájaro y raíz.
                                        Yo vi llorar
a mi hermano de loca poesía,
Alberti, en los recintos araucanos,
cuando lo rodearon como a Ercilla
y eran, en vez de aquellos dioses rojos,
una cadena cárdena de muertos.

Más lejos, en la red de agua salvaje
de la Tierra del Fuego,
los vi subir, oh lobos, desgreñados,
a las piraguas rotas,
a mendigar el pan en el Océano.

Allí fueron matando cada fibra
de sus desérticos dominios,
y el cazador de indios recibía
sucios billetes por traer cabezas,

de los dueños del aire, de los reyes
de la nevada soledad antártica.

Los que pagaron crímenes se sientan
hoy en el Parlamento, matriculan
sus matrimonios en las Presidencias,
viven con cardenales y gerentes,
y sobre la garganta acuchillada
de los dueños del Sur crecen las flores.

Ya de la Araucanía los penachos
fueron desbaratados por el vino,
raídos por la pulpería,
ennegrecidos por los abogados
al servicio del robo de su reino,
y a los que fusilaron a la tierra,
a los que en los caminos defendidos
por el gladiador deslumbrante
de nuestra propia orilla
entraron disparando y negociando,
llamaron «Pacificadores»
y les multiplicaron charreteras.

Así perdió, sin ver, así invisible
fue para el indio el desmoronamiento
de su heredad: no vio los estandartes,
no echó a rodar la flecha ensangrentada,
sino que lo royeron, poco a poco,
magistrados, rateros, hacendados,
todos tomaron su imperial dulzura,
todos se le enredaron en la manta
hasta que lo tiraron desangrándose
a las últimas ciénagas de América.

Y de las verdes láminas, del cielo
innumerable y puro del follaje,
de la inmortal morada construida
con pétalos pesados de granito,
fue conducido a la cabaña rota,
al árido albañal de la miseria.
De la fulguradora desnudez,
dorados pechos, pálida cintura,
o de los ornamentos minerales
que unieron a su piel todo el rocío,
lo llevaron al hilo del andrajo,
le repartieron pantalones muertos
y así paseó su majestad parchada
por el aire del mundo que fue suyo.

Así fue cometido este tormento.

El hecho fue invisible como entrada
de traidor, como impalpable cáncer,
hasta que fue agobiado nuestro padre,
hasta que le enseñaron a fantasma
y entró a la única puerta que le abrieron,
la puerta de otros pobres, la de todos
los azotados pobres de la tierra.

AMÉRICA, NO INVOCO TU NOMBRE EN VANO

1

LOS DICTADORES

Ha quedado un olor entre los cañaverales:
una mezcla de sangre y cuerpo, un penetrante
pétalo nauseabundo.
Entre los cocoteros las tumbas están llenas
de huesos demolidos, de estertores callados.
El delicado sátrapa conversa
con copas, cuellos y cordones de oro.
El pequeño palacio brilla como un reloj
y las rápidas risas enguantadas
atraviesan a veces los pasillos
y se reúnen a las voces muertas
y a las bocas azules frescamente enterradas.
El llanto está escondido como una planta
cuya semilla cae sin cesar sobre el suelo
y hace crecer sin luz sus grandes hojas ciegas.
El odio se ha formado escama a escama,

golpe a golpe, en el agua terrible del pantano,
con un hocico lleno de légamo y silencio.

2

AMÉRICA

Estoy, estoy rodeado
por madreselva y páramo, por chacal y centella,
por el encadenado perfume de las lilas:
estoy, estoy rodeado
por días, meses, aguas que solo yo conozco,
por uñas, peces, meses que solo yo establezco,
estoy, estoy rodeado
por la delgada espuma combatiente
del litoral poblado de campanas.
La camisa escarlata del volcán y del indio,
el camino, que el pie desnudo levantó entre las hojas
y las espinas entre las raíces,
llega a mis pies de noche para que lo camine.
La oscura sangre como en un otoño
derramada en el suelo,
el temible estandarte de la muerte en la selva,
los pasos invasores deshaciéndose, el grito
de los guerreros, el crepúsculo de las lanzas dormidas,
el sobresaltado sueño de los soldados, los grandes
ríos en que la paz del caimán chapotea,
tus recientes ciudades de alcaldes imprevistos,
el coro de los pájaros de costumbre indomable,
en el pútrido día de la selva, el fulgor
tutelar de la luciérnaga,
cuando en tu vientre existo, en tu almenada
tarde, en tu descanso, en el útero de tus nacimientos,

en el terremoto, en el diablo de los campesinos, en la
ceniza
que cae de los ventisqueros, en el espacio,
en el espacio puro, circular inasible,
en la garra sangrienta de los cóndores, en la paz
humillada
de Guatemala, en los negros,
en los muelles de Trinidad, en La Guayra:
todo es mi noche, todo
es mi día, todo
es mi aire, todo
es lo que vivo, sufro, levanto y agonizo.
América, no de noche
ni de luz están hechas las sílabas que canto.
De tierra es la materia apoderada
del fulgor y del pan de mi victoria,
y no es sueño mi sueño sino tierra.
Duermo rodeado de espaciosa arcilla
y por mis manos corre cuando vivo
un manantial de caudalosas tierras.
Y no es vino el que bebo sino tierra,
tierra escondida, tierra de mi boca,
tierra de agricultura con rocío,
vendaval de legumbres luminosas,
estirpe cereal, bodega de oro.

3

AMÉRICA, NO INVOCO TU NOMBRE EN VANO

América, no invoco tu nombre en vano.
Cuando sujeto al corazón la espada,
cuando aguanto en el alma la gotera,
cuando por las ventanas

un nuevo día tuyo me penetra,
soy y estoy en la luz que me produce,
vivo en la sombra que me determina,
duermo y despierto en tu esencial aurora:
dulce como las uvas, y terrible,
conductor del azúcar y el castigo,
empapado en esperma de tu especie,
amamantado en sangre de tu herencia.

CANTO GENERAL DE CHILE

HIMNO Y REGRESO
(1939)

Patria, mi patria, vuelvo hacia ti la sangre.
Pero te pido, como a la madre el niño
lleno de llanto.
Acoge
esta guitarra ciega
y esta frente perdida.
Salí a encontrarte hijos por la tierra,
salí a cuidar caídos con tu nombre de nieve,
salí a hacer una casa con tu madera pura,
salí a llevar tu estrella a los héroes heridos.

Ahora quiero dormir en tu substancia.
Dame tu clara noche de penetrantes cuerdas,
tu noche de navío, tu estatura estrellada.

Patria mía: quiero mudar de sombra.
Patria mía: quiero cambiar de rosa.
Quiero poner mi brazo en tu cintura exigua
y sentarme en tus piedras por el mar calcinadas,

a detener el trigo y mirarlo por dentro.
Voy a escoger la flora delgada del nitrato,
voy a hilar el estambre glacial de la campana,
y mirando tu ilustre y solitaria espuma
un ramo litoral tejeré a tu belleza.

Patria, mi patria
toda rodeada de agua combatiente
y nieve combatida,
en ti se junta el águila al azufre,
y en tu antártica mano de armiño y de zafiro
una gota de pura luz humana
brilla encendiendo el enemigo cielo.

Guarda tu luz, oh patria!, mantén
tu dura espiga de esperanza en medio
del ciego aire temible.
En tu remota tierra ha caído toda esta luz difícil,
este destino de los hombres,
que te hace defender una flor misteriosa
sola, en la inmensidad de América dormida.

LA TIERRA SE LLAMA JUAN

LA TIERRA SE LLAMA JUAN

Detrás de los libertadores estaba Juan
trabajando, pescando y combatiendo,
en su trabajo de carpintería o en su mina mojada.
Sus manos han arado la tierra y han medido
los caminos.
Sus huesos están en todas partes.
Pero vive. Regresó de la tierra. Ha nacido.
Ha nacido de nuevo como una planta eterna.
Toda la noche impura trató de sumergirlo
y hoy afirma en la aurora sus labios indomables.
Lo ataron, y es ahora decidido soldado.
Lo hirieron, y mantiene su salud de manzana.
Le cortaron las manos, y hoy golpea con ellas.
Lo enterraron, y viene cantando con nosotros.

Juan, es tuya la puerta y el camino.
La tierra
es tuya, pueblo, la verdad ha nacido
contigo, de tu sangre.
No pudieron exterminarte.
Tus raíces,

árbol de humanidad,
árbol de eternidad,
hoy están defendidas con acero,
hoy están defendidas con tu propia grandeza
en la patria soviética, blindada
contra las mordeduras del lobo agonizante.

Pueblo, del sufrimiento nació el orden.

Del orden tu bandera de victoria ha nacido.

Levántala con todas las manos que cayeron,
defiéndela con todas las manos que se juntan:
y que avance a la lucha final, hacia la estrella
la unidad de tus rostros invencibles.

QUE DESPIERTE EL LEÑADOR

Paz para los crepúsculos que vienen,
paz para el puente, paz para el vino,
paz para las letras que me buscan
y que en mi sangre suben enredando
el viejo canto con tierra y amores,
paz para la ciudad en la mañana
cuando despierta el pan, paz para el río
Mississippi, río de las raíces:
paz para la camisa de mi hermano,
paz en el libro como un sello de aire,
paz para el gran koljós de Kiev,
paz para las cenizas de estos muertos
y de estos otros muertos, paz para el hierro
negro de Brooklyn, paz para el cartero
de casa en casa como el día,
paz para el coreógrafo que grita
con un embudo a las enredaderas,
paz para mi mano derecha,
que solo quiere escribir Rosario:
paz para el boliviano secreto
como una piedra de estaño, paz
para que tú te cases, paz para todos

los aserraderos de Bío-Bío,
paz para el corazón desgarrado
de España guerrillera:
paz para el pequeño Museo de Wyoming
en donde lo más dulce
es una almohada con un corazón bordado,
paz para el panadero y sus amores
    y paz para la harina: paz
    para todo el trigo que debe nacer,
    para todo el amor que buscará follaje,
    paz para todos los que viven: paz
    para todas las tierras y las aguas.

Yo aquí me despido, vuelvo
a mi casa, en mis sueños,
vuelvo a la Patagonia en donde
el viento golpea los establos
y salpica hielo el Océano.
Soy nada más que un poeta: os amo a todos,
ando errante por el mundo que amo:
en mi patria encarcelan mineros
y los soldados mandan a los jueces.
Pero yo amo hasta las raíces
de mi pequeño país frío.
Si tuviera que morir mil veces
allí quiero morir:
si tuviera que nacer mil veces
allí quiero nacer,
cerca de la araucaria salvaje,
del vendaval del viento sur,
de las campanas recién compradas.
Que nadie piense en mí.
Pensemos en toda la tierra,
golpeando con amor en la mesa.
No quiero que vuelva la sangre

a empapar el pan, los frijoles,
la música: quiero que venga
conmigo el minero, la niña,
el abogado, el marinero,
el fabricante de muñecas,
que entremos al cine y salgamos
a beber el vino más rojo.

Yo no vengo a resolver nada.

Yo vine aquí para cantar
y para que cantes conmigo.

LAS FLORES DE PUNITAQUI

EL POETA

Antes anduve por la vida, en medio
de un amor doloroso: antes retuve
una pequeña página de cuarzo
clavándome los ojos en la vida.
Compré bondad, estuve en el mercado
de la codicia, respiré las aguas
más sordas de la envidia, la inhumana
hostilidad de máscaras y seres.
Viví un mundo de ciénaga marina
en que la flor de pronto, la azucena
me devoraba en su temblor de espuma,
y donde puse el pie resbaló mi alma
hacia las dentaduras del abismo.
Así nació mi poesía, apenas
rescatada de ortigas, empuñada
sobre la soledad como un castigo,
o apartó en el jardín de la impudicia
su más secreta flor hasta enterrarla.
Aislado así como el agua sombría
que vive en sus profundos corredores,

corrí de mano en mano, al aislamiento
de cada ser, al odio cuotidiano.
Supe que así vivían, escondiendo
la mitad de los seres, como peces
del más extraño mar, y en las fangosas
inmensidades encontré la muerte.
La muerte abriendo puertas y caminos.
La muerte deslizándose en los muros.

LOS RÍOS DEL CANTO

1

A RAFAEL ALBERTI
(Puerto de Santa María, España)

Rafael, antes de llegar a España me salió al camino
tu poesía, rosa literal, racimo biselado,
y ella hasta ahora ha sido no para mí un recuerdo,
sino luz olorosa, emanación de un mundo.

A tu tierra reseca por la crueldad trajiste
el rocío que el tiempo había olvidado,
y España despertó contigo en la cintura,
otra vez coronada de aljófar matutino.

Recordarás lo que yo traía: sueños
despedazados
por implacables ácidos, permanencias
en aguas desterradas, en silencios
de donde las raíces amargas emergían
como palos quemados en el bosque.
Cómo puedo olvidar, Rafael, aquel tiempo?

A tu país llegué como quien cae
a una luna de piedra, hallando en todas
partes
águilas del erial, secas espinas,
pero tu voz allí, marinero, esperaba
para darme la bienvenida y la fragancia
del alhelí, la miel de los frutos marinos.

Y tu poesía estaba en la mesa, desnuda.

Los pinares del Sur, las razas de la uva
dieron a tu diamante cortado sus resinas,
y al tocar tan hermosa claridad, mucha
sombra
de la que traje al mundo, se deshizo.

Arquitectura hecha en la luz, como los
pétalos,
a través de tus versos de embriagador
aroma
yo vi el agua de antaño, la nieve hereditaria,
y a ti más que a ninguno debo España.
Con tus dedos toqué panal y páramo,
conocí las orillas gastadas por el pueblo
como por un océano, y las gradas
en que la poesía fue estrellando
toda su vestidura de zafiros.

Tú sabes que no enseña sino el hermano. Y en esa
hora no solo aquello me enseñaste,
no solo la apagada pompa de nuestra estirpe,
sino la rectitud de tu destino,
y cuando una vez más llegó la sangre a España
defendí el patrimonio del pueblo que era mío.

Ya sabes tú, ya sabe todo el mundo estas cosas.
Yo quiero solamente estar contigo,
y hoy que te falta la mitad de la vida,
tu tierra, a la que tienes más derecho que un árbol,
hoy que de las desdichas de la patria no solo
el luto del que amamos, sino tu ausencia cubren
la herencia del olivo que devoran los lobos,
te quiero dar, ay!, si pudiera, hermano grande,
la estrellada alegría que tú me diste entonces.

Entre nosotros dos la poesía
se toca como piel celeste,
y contigo me gusta recoger un racimo,
este pámpano, aquella raíz de las tinieblas.

La envidia que abre puertas en los seres
no pudo abrir tu puerta, ni la mía. Es hermoso
como cuando la cólera del viento
desencadena su vestido afuera
y están el pan, el vino y el fuego con nosotros,
dejar que aúlle el vendedor de furia,
dejar que silbe el que pasó entre tus pies,
y levantar la copa llena de ámbar
con todo el rito de la transparencia.

Alguien quiere olvidar que tú eres el primero?
Déjalo que navegue y encontrará tu rostro.
Alguien quiere enterrarnos precipitadamente?
Está bien, pero tiene la obligación del vuelo.

Vendrán, pero quién puede sacudir la cosecha
que con la mano del otoño fue elevada
hasta teñir el mundo con el temblor del vino?

Dame esa copa, hermano, y escucha: estoy rodeado

de mi América húmeda y torrencial, a veces
pierdo el silencio, pierdo la corola nocturna,
y me rodea el odio, tal vez nada, el vacío
de un vacío, el crepúsculo
de un perro, de una rana,
y entonces siento que tanta tierra mía nos separe,
y quiero irme a tu casa en que, yo sé, me esperas,
solo para ser buenos como solo nosotros
podemos serlo. No debemos nada.

Y a ti sí que te deben, y es una patria: espera.

Volverás, volveremos. Quiero contigo un día
en tus riberas ir embriagados de oro
hacia tus puertos, puertos del Sur que entonces no
alcancé.
Me mostrarás el mar donde sardinas
y aceitunas disputan las arenas,
y aquellos campos con los toros de ojos verdes
que Villalón (amigo que tampoco
me vino a ver, porque estaba enterrado)
tenía, y los toneles del jerez, catedrales
en cuyos corazones gongorinos
arde el topacio con pálido fuego.

Iremos, Rafael, adonde yace
aquel que con sus manos y las tuyas
la cintura de España sostenía.
El muerto que no pudo morir, aquel a quien tú guardas,
porque solo tu existencia lo defiende.

Allí está Federico, pero hay muchos que, hundidos,
enterrados,
entre las cordilleras españolas, caídos
injustamente, derramados,

perdido cereal en las montañas,
son nuestros, y nosotros estamos en su arcilla.

Tú vives porque siempre fuiste un dios milagroso.
A nadie más que a ti te buscaron, querían
devorarte los lobos, romper tu poderío.
Cada uno quería ser gusano en tu muerte.

Pues bien, se equivocaron. Es tal vez la estructura
de tu canción, intacta transparencia,
armada decisión de tu dulzura,
dureza, fortaleza delicadas,
la que salvó tu amor para la tierra.

> Yo iré contigo para probar el agua
> del Genil, del dominio que me diste,
> a mirar en la plata que navega,
> las efigies dormidas que fundaron
> las sílabas azules de tu canto.

Entraremos también en las herrerías: ahora
el metal de los pueblos allí espera
nacer en los cuchillos: pasaremos cantando
junto a las redes rojas que mueve el firmamento.
Cuchillos, redes, cantos borrarán los dolores.
Tu pueblo llevará con las manos quemadas
por la pólvora, como laurel de las praderas,
lo que tu amor fue desgranando en la desdicha.

Sí, de nuestros destierros nace la flor, la forma
de la patria que el pueblo reconquista con truenos,
y no es un día solo el que elabora
la miel perdida, la verdad del sueño,
sino cada raíz que se hace canto
hasta poblar el mundo con sus hojas.

Tú estás allí, no hay nada que no mueva
la luna diamantina que dejaste:
la soledad, el viento en los rincones,
todo toca tu puro territorio,
y los últimos muertos, los que caen
en la prisión, leones fusilados,
y los de las guerrillas, capitanes
del corazón, están humedeciendo
tu propia investidura cristalina,
tu propio corazón con sus raíces.

Ha pasado el tiempo desde aquellos días en que
compartimos
dolores que dejaron una herida radiante,
el caballo de la guerra que con sus herraduras
atropelló la aldea destrozando los vidrios.
Todo aquello nació bajo la pólvora,
todo aquello te aguarda para elevar la espiga,
y en ese nacimiento se envolverán de nuevo
el humo y la ternura de aquellos duros días.

Ancha es la piel de España y en ella tu acicate
vive como una espada de ilustre empuñadura,
y no hay olvido, no hay invierno que te borre,
hermano fulgurante, de los labios del pueblo.
Así te hablo, olvidando tal vez una palabra,
contestando al fin cartas que no recuerdas
y que cuando los climas del Este me cubrieron
como aroma escarlata, llegaron
hasta mi soledad.
Que tu frente dorada
encuentre en esta carta un día de otro tiempo,
y otro tiempo de un día que vendrá.
Me despido

hoy, 1948, dieciséis de diciembre,
en algún punto de América en que canto.

2

A SILVESTRE REVUELTAS, DE MÉXICO, EN SU MUERTE (ORATORIO MENOR)

Cuando un hombre como Silvestre Revueltas
vuelve definitivamente a la tierra,
hay un rumor, una ola
de voz y llanto que prepara y propaga su partida.
Las pequeñas raíces dicen a los cereales: «Murió
Silvestre»,
y el trigo ondula su nombre en las laderas
y luego el pan lo sabe.
Todos los árboles de América ya lo saben
y también las flores heladas de nuestra región ártica.

Las gotas de agua lo transmiten,
los ríos indomables de la
Araucanía ya saben la noticia.
De ventisquero a lago, de lago a planta,
de planta a fuego, de fuego a humo:
todo lo que arde, canta, florece, baila y revive,
todo lo permanente, alto y profundo de nuestra América
lo acogen:
pianos y pájaros, sueños y sonido, la red palpitante
que une en el aire todos nuestros climas,
tiembla y traslada el coro funeral.
Silvestre ha muerto, Silvestre ha entrado en su música
total,
en su silencio sonoro.

Hijo de la tierra, niño de la tierra, desde hoy entras en el
tiempo.
Desde hoy tu nombre lleno de música volará cuando se
toque tu patria, como desde una campana,
con un sonido nunca oído, con el sonido de lo que
fuiste, hermano.
Tu corazón de catedral nos cubre en este instante, como
el firmamento,
y tu canto grande y grandioso, tu ternura volcánica,
llena toda la altura como una estatua ardiendo.
Por qué has derramado la vida? Por qué
has vertido
en cada copa tu sangre? Por qué
has buscado
como un ángel ciego, golpeándose contra las puertas
oscuras?

Ah, pero de tu nombre sale música
y de tu música, como de un mercado,
salen coronas de laurel fragante
y manzanas de olor y simetría.

En este día solemne de despedida eres tú el despedido,
pero tú ya no oyes,
tu noble frente falta y es como si faltara
un gran árbol en medio de la casa del hombre.

Pero la luz que vemos es otra luz desde hoy,
la calle que doblamos es una nueva calle,
la mano que tocamos desde hoy tiene tu fuerza,
todas las cosas toman vigor en tu descanso
y tu pureza subirá desde las piedras,
a mostrarnos la claridad de la esperanza.

Reposa, hermano, el día tuyo ha terminado,

con tu alma dulce y poderosa lo llenaste
de luz más alta que la luz del día
y de un sonido azul como la voz del cielo.
Tu hermano y tus amigos me han pedido
que repita tu nombre en el aire de América,
que lo conozca el toro de la pampa, y la nieve,
que lo arrebate el mar, que lo discuta el viento.

Ahora son las estrellas de América tu patria
y desde hoy tu casa sin puertas es la Tierra.

3

A MIGUEL HERNÁNDEZ, ASESINADO EN LOS PRESIDIOS DE ESPAÑA

Llegaste a mí directamente del Levante. Me traías,
pastor de cabras, tu inocencia arrugada,
la escolástica de viejas páginas, un olor
a Fray Luis, a azahares, al estiércol quemado
sobre los montes, y en tu máscara
la aspereza cereal de la avena segada
y una miel que medía la tierra con tus ojos.

También el ruiseñor en tu boca traías.
Un ruiseñor manchado de naranjas, un hilo
de incorruptible canto, de fuerza deshojada.
Ay, muchacho, en la luz sobrevino la pólvora
y tú, con ruiseñor y con fusil, andando
bajo la luna y bajo el sol de la batalla.

Ya sabes, hijo mío, cuánto no pude hacer, ya sabes
que para mí, de toda la poesía, tú eras el fuego azul.

Hoy sobre la tierra pongo mi rostro y te escucho,
te escucho, sangre, música, panal agonizante.

No he visto deslumbradora raza como la tuya,
ni raíces tan duras, ni manos de soldado,
ni he visto nada vivo como tu corazón
quemándose en la púrpura de mi propia bandera.

Joven eterno, vives, comunero de antaño,
inundado por gérmenes de trigo y primavera,
arrugado y oscuro, como el metal innato,
esperando el minuto que eleve tu armadura.

No estoy solo desde que has muerto. Estoy con los que
te buscan.
Estoy con los que un día llegarán a vengarte.
Tú reconocerás mis pasos entre aquellos
que se despeñarán sobre el pecho de España
aplastando a Caín para que nos devuelva
los rostros enterrados.

Que sepan los que te mataron que pagarán con sangre.
Que sepan los que te dieron tormento que me verán un
día.
Que sepan los malditos que hoy incluyen tu nombre
en sus libros, los Dámasos, los Gerardos, los hijos
de perra, silenciosos cómplices del verdugo,
que no será borrado tu martirio, y tu muerte
caerá sobre toda su luna de cobardes.
Y a los que te negaron en su laurel podrido,
en tierra americana, el espacio que cubres
con tu fluvial corona de rayo desangrado,
déjame darles yo el desdeñoso olvido
porque a mí me quisieron mutilar con tu ausencia.

Miguel, lejos de la prisión de Osuna, lejos
de la crueldad, Mao Tse-Tung dirige
tu poesía despedazada en el combate
hacia nuestra victoria.
Y Praga rumorosa
construyendo la dulce colmena que cantaste,
Hungría verde limpia sus graneros
y baila junto al río que despertó del sueño.
Y de Varsovia sube la sirena desnuda
que edifica mostrando su cristalina espada.

Y más allá la tierra se agiganta,
la tierra
que visitó tu canto, y el acero
que defendió tu patria están seguros,
acrecentados sobre la firmeza
de Stalin y sus hijos.
Ya se acerca
la luz a tu morada.
Miguel de España, estrella
de tierras arrasadas, no te olvido, hijo mío,
no te olvido, hijo mío!
Pero aprendí la vida
con tu muerte: mis ojos se velaron apenas,
y encontré en mí no el llanto,
sino las armas
inexorables!
Espéralas! Espérame!

CORAL DE AÑO NUEVO PARA LA PATRIA EN TINIEBLAS

EN ESTE TIEMPO

Feliz año... Hoy tú que tienes
mi tierra a tus dos lados, feliz eres, hermano.
Yo soy errante hijo de lo que amo.
Respóndeme, piensa que estoy contigo
preguntándote, piensa que soy el viento de enero,
viento Puelche, viento viejo de las montañas
que cuando abres la puerta te visita
sin entrar, aventando sus rápidas preguntas.
Dime, has entrado a un campo de trigo o de cebada,
están dorados? Háblame de un día de ciruelas.
Lejos de Chile pienso en un día redondo,
morado, transparente, de azúcar en racimos,
y de granos espesos y azules que gotean
en mi boca sus copas cargadas con delicia.
Dime, mordiste hoy la grupa pura
de un durazno, llenándote de inmortal ambrosía,
hasta que fuiste fuente tú también de la tierra,
fruto y fruto entregados al esplendor del mundo?

YO SOY

1

LA FRONTERA
(1904)

Lo primero que vi fueron árboles, barrancas
decoradas con flores de salvaje hermosura,
húmedo territorio, bosques que se incendiaban
y el invierno detrás del mundo, desbordado.
Mi infancia son zapatos mojados, troncos rotos
caídos en la selva, devorados por lianas
y escarabajos, dulces días sobre la avena,
y la barba dorada de mi padre saliendo
hacia la majestad de los ferrocarriles.

Frente a mi casa el agua austral cavaba
hondas derrotas, ciénagas de arcillas
enlutadas,
que en el verano eran atmósfera amarilla
por donde las carretas crujían y lloraban
embarazadas con nueve meses de trigo.
Rápido sol del Sur:

rastrojos, humaredas
en caminos de tierras escarlatas, riberas
de ríos de redondo linaje, corrales y
potreros
en que reverberaba la miel del mediodía.

El mundo polvoriento entraba grado a
grado
en los galpones, entre barricas y cordeles,
a bodegas cargadas con el resumen rojo
del avellano, todos los párpados del
bosque.

Me pareció ascender en el tórrido traje
del verano, con las máquinas trilladoras,
por las cuestas, en la tierra barnizada de boldos,
erguida entre los robles, indeleble,
pegándose en las ruedas como carne aplastada.

Mi infancia recorrió las estaciones: entre
los rieles, los castillos de madera reciente,
la casa sin ciudad, apenas protegida
por reses y manzanos de perfume indecible
fui yo, delgado niño cuya pálida forma
se impregnaba de bosques vacíos y bodegas.

2

LA CASA

Mi casa, las paredes cuya madera fresca
recién cortada huele aún: destartalada
casa de la frontera, que crujía
a cada paso, y silbaba con el viento de guerra

del tiempo austral, haciéndose elemento
de tempestad, ave desconocida
bajo cuyas heladas plumas creció mi canto.
Vi sombras, rostros que como plantas
en torno a mis raíces crecieron, deudos
que cantaban tonadas a la sombra de un árbol
y disparaban entre los caballos mojados,
mujeres escondidas en la sombra
que dejaban las torres masculinas,
galopes que azotaban la luz,
enrarecidas
noches de cólera, perros que ladraban.
Mi padre con el alba oscura
de la tierra, hacia qué perdidos archipiélagos
en sus trenes que aullaban se deslizó?
Más tarde amé el olor del carbón en el humo,
los aceites, los ejes de precisión helada,
y el grave tren cruzando el invierno extendido
sobre la tierra, como una oruga orgullosa.
De pronto trepidaron las puertas.
Es mi padre.
Lo rodean los centuriones del camino:
ferroviarios envueltos en sus mantas mojadas,
el vapor y la lluvia con ellos revistieron
la casa, el comedor se llenó de relatos
enronquecidos, los vasos se vertieron,
y hasta mí, de los seres, como una separada
barrera, en que vivían los dolores,
llegaron las congojas, las ceñudas
cicatrices, los hombres sin dinero,
la garra mineral de la pobreza.

3

EL AMOR

El firme amor, España, me diste con tus dones.
Vino a mí la ternura que esperaba
y me acompaña la que lleva el beso
más profundo a mi boca.
                                        No pudieron
apartarla de mí las tempestades
ni las distancias agregaron tierra
al espacio de amor que conquistamos.
Cuando antes del incendio, entre las mieses
de España apareció tu vestidura,
yo fui doble noción, luz duplicada,
y la amargura resbaló en tu rostro
hasta caer sobre piedras perdidas.
De un gran dolor, de arpones erizados
desemboqué en tus aguas, amor mío,
como un caballo que galopa en medio
de la ira y la muerte, y lo recibe
de pronto una manzana matutina,
una cascada de temblor silvestre.
Desde entonces, amor, te conocieron
los páramos que hicieron mi conducta,
el océano oscuro que me sigue,
y los castaños del Otoño inmenso.

Quién no te vio, amorosa, dulce mía,
en la lucha, a mi lado, como una
aparición, con todas las señales
de la estrella? Quién, si anduvo
entre las multitudes a buscarme,
porque soy grano del granero humano,

no te encontró, apretada a mis raíces,
elevada en el canto de mi sangre?

No sé, mi amor, si tendré tiempo y sitio
de escribir otra vez tu sombra fina
extendida en mis páginas, esposa:
son duros estos días y radiantes,
y recogemos de ellos la dulzura
amasada con párpados y espinas.
Ya no sé recordar cuándo comienzas:
estabas antes del amor,
                    venías
con todas las esencias del destino,
y antes de ti, la soledad fue tuya,
fue tal vez tu dormida cabellera.
Hoy, copa de mi amor, te nombro apenas,
título de mis días, adorada,
y en el espacio ocupas como el día
toda la luz que tiene el universo.

4

EL REGRESO
(1944)

Regresé... Chile me recibió con el rostro amarillo
del desierto.
            Peregriné sufriendo
de árida luna en cráter arenoso
y encontré los dominios eriales del planeta,
la lisa luz sin pámpanos, la rectitud vacía.
Vacía? Pero sin vegetales, sin garras, sin estiércol
me reveló la tierra su dimensión desnuda
y a lo lejos su larga línea fría en que nacen

aves y pechos ígneos de suave contextura.
Pero más lejos hombres cavaban las fronteras,
recogían metales duros, diseminados
unos como la harina de amargos cereales,
otros como la altura calcinada del fuego,
y hombres y luna, todo me envolvió en su mortaja
hasta perder el hilo vacío de los sueños.

Me entregué a los desiertos y el hombre de la escoria
salió de su agujero, de su aspereza muda
y supe los dolores de mi pueblo perdido.

Entonces fui por calles y curules y dije
cuanto vi, mostré las manos que tocaron
los terrones ahítos de dolor, las viviendas
de la desamparada pobreza, el miserable
pan y la soledad de la luna olvidada.

Y codo a codo con mi hermano sin zapatos
quise cambiar el reino de las monedas sucias.
Fui perseguido, pero nuestra lucha sigue.

La verdad es más alta que la luna.

La ven como si fueran en un navío negro
los hombres de las minas cuando miran la
noche.

Y en la sombra mi voz es repartida
por la más dura estirpe de la tierra.

5

LA LÍNEA DE MADERA

Yo soy un carpintero ciego, sin manos.
He vivido
bajo las aguas, consumiendo frío,
sin construir las cajas fragantes, las moradas
que cedro a cedro elevan la grandeza,
pero mi canto fue buscando hilos del bosque,
secretas fibras, ceras delicadas,
y fue cortando ramas, perfumando
la soledad con labios de madera.

Amé cada materia, cada gota
de púrpura o metal, agua y espiga
y entré en espesas capas resguardadas
por espacio y arena temblorosa,
hasta cantar con boca destruida,
como un muerto, en las uvas de la tierra.

Arcilla, barro, vino me cubrieron,
enloquecí tocando las caderas
de la piel cuya flor fue sostenida
como un incendio bajo mi garganta,
y en la piedra pasearon mis sentidos
invadiendo cerradas cicatrices.

Cómo cambié sin ser, desconociendo
mi oficio antes de ser,
la metalurgia
que estaba destinada a mi dureza,
o los aserraderos olfateados
por las cabalgaduras en invierno?

Todo se hizo ternura y manantiales
y no serví sino para nocturno.

6

LA GRAN ALEGRÍA

La sombra que indagué ya no me pertenece.
Yo tengo la alegría duradera del mástil,
la herencia de los bosques, el viento del camino
y un día decidido bajo la luz terrestre.

No escribo para que otros libros me aprisionen
ni para encarnizados aprendices de lirio,
sino para sencillos habitantes que piden
agua y luna, elementos del orden inmutable,
escuelas, pan y vino, guitarras y herramientas.

Escribo para el pueblo, aunque no pueda
leer mi poesía con sus ojos rurales.
Vendrá el instante en que una línea, el aire
que removió mi vida, llegará a sus orejas,
y entonces el labriego levantará los ojos,
el minero sonreirá rompiendo piedras,
el palanquero se limpiará la frente,
el pescador verá mejor el brillo
de un pez que palpitando le quemará las
manos,
el mecánico, limpio, recién lavado, lleno
de aroma de jabón mirará mis poemas,
y ellos dirán tal vez: «Fue un camarada».

Eso es bastante, esa es la corona que quiero.

Quiero que a la salida de fábricas y minas
esté mi poesía adherida a la tierra,
al aire, a la victoria del hombre maltratado.
Quiero que un joven halle en la dureza
que construí, con lentitud y con metales,
como una caja, abriéndola, cara a cara, la vida,
y hundiendo el alma toque las ráfagas que hicieron
mi alegría, en la altura tempestuosa.

7

LA VIDA

Que otro se preocupe de los osarios...
                                        El mundo
tiene un color desnudo de manzana: los ríos
arrastran un caudal de medallas silvestres
y en todas partes vive Rosalía la dulce
y Juan el compañero...
                                        Ásperas piedras hacen
el castillo, y el barro más suave que las uvas
con los restos del trigo hizo mi casa.
Anchas tierras, amor, campanas lentas,
combates reservados a la aurora,
cabelleras de amor que me esperaron,
depósitos dormidos de turquesa:
casas, caminos, olas que construyen
una estatua barrida por los sueños,
panaderías en la madrugada,
relojes educados en la arena,
amapolas del trigo circulante,
y estas manos oscuras que amasaron
los materiales de mi propia vida:
hacia vivir se encienden las naranjas

sobre la multitud de los destinos!

Que los sepultureros escarben las materias
aciagas: que levanten
los fragmentos sin luz de la ceniza
y hablen en el idioma del gusano.
Yo tengo frente a mí solo semillas,
desarrollos radiantes y dulzura.

8

DISPOSICIONES

Compañeros, enterradme en Isla Negra,
frente al mar que conozco, a cada área rugosa
de piedras y de olas que mis ojos perdidos
no volverán a ver.
Cada día de océano
me trajo, niebla o puros derrumbes de turquesa,
o simple extensión, agua rectilínea, invariable,
lo que pedí, el espacio que devoró mi frente.

Cada paso enlutado de cormorán, el vuelo
de grandes aves grises que amaban el
invierno,
y cada tenebroso círculo de sargazo
y cada grave ola que sacude su frío,
y más aún, la tierra que un escondido
herbario
secreto, hijo de brumas y de sales, roído
por el ácido viento, minúsculas corolas
de la costa pegadas a la infinita arena:
todas las llaves húmedas de la tierra marina
conocen cada estado de mi alegría,

saben
que allí quiero dormir entre los párpados
del mar y de la tierra...
Quiero ser arrastrado
hacia abajo en las lluvias que el salvaje
viento del mar combate y desmenuza,
y luego por los cauces subterráneos, seguir
hacia la primavera profunda que renace.

Abrid junto a mí el hueco de la que amo, y
un día
dejadla que otra vez me acompañe en la
tierra.

9

TERMINO AQUÍ
(1949)

Este libro termina aquí. Ha nacido
de la ira como una brasa, como los territorios
de bosques incendiados, y deseo
que continúe como un árbol rojo
propagando su clara quemadura.
Pero no solo cólera en sus ramas
encontraste: no solo sus raíces
buscaron el dolor, sino la fuerza,
y fuerza soy de piedra pensativa,
alegría de manos congregadas.

Por fin, soy libre adentro de los seres.

Entre los seres, como el aire vivo,
y de la soledad acorralada

salgo a la multitud de los combates,
libre porque en mi mano va tu mano,
conquistando alegrías indomables.

Libro común de un hombre, pan
abierto
es esta geografía de mi canto,
y una comunidad de labradores
alguna vez recogerá su fuego,
y sembrará sus llamas y sus hojas
otra vez en la nave de la tierra.

Y nacerá de nuevo esta palabra,
tal vez en otro tiempo sin dolores,
sin las impuras hebras que adhirieron
negras vegetaciones en mi canto,
y otra vez en la altura estará ardiendo
mi corazón quemante y estrellado.
Así termina este libro, aquí dejo
mi *Canto general* escrito
en la persecución, cantando bajo
las alas clandestinas de mi patria.
Hoy 5 de febrero, en este año
de 1949, en Chile, en «Godomar
de Chena», algunos meses antes
de los cuarenta y cinco años de mi edad.

LAS UVAS Y EL VIENTO

LAS UVAS DE EUROPA

1

SOLO EL HOMBRE

Yo atravesé las hostiles
cordilleras,
entre los árboles pasé a caballo.
El humus ha dejado
en el suelo
su alfombra de mil años.

Los árboles se tocan en la altura,
en la unidad temblorosa.
Abajo, oscura es la selva.
Un vuelo corto, un grito
la atraviesan,
los pájaros del frío,
los zorros de eléctrica cola,
una gran hoja que cae,
y mi caballo pisa el blando
lecho del árbol dormido,
pero bajo la tierra

los árboles de nuevo
se entienden y se tocan.
La selva es una sola,
un solo gran puñado de perfume,
una sola raíz bajo la tierra.

Las púas me mordían,
las duras piedras herían mi caballo,
él hielo iba buscando bajo mi ropa rota
mi corazón para cantarle y dormirlo.
Los ríos que nacían
ante mi vista bajaban veloces
y querían matarme.
De pronto un árbol ocupaba el camino
como si hubiera
echado a andar y entonces
lo hubiera derribado
la selva, y allí estaba
grande como mil hombres,
lleno de cabelleras,
pululado de insectos,
podrido por la lluvia,
pero desde la muerte
quería detenerme.

Yo salté el árbol,
lo rompí con el hacha,
acaricié sus hojas hermosas como manos,
toqué las poderosas
raíces que mucho más que yo
conocían la tierra.
Yo pasé sobre el árbol,
crucé todos los ríos,
la espuma me llevaba,
las piedras me mentían,

el aire verde que creaba
alhajas a cada minuto
atacaba mi frente,
quemaba mis pestañas.
Yo atravesé las altas cordilleras
porque conmigo un hombre,
otro hombre, un hombre
iba conmigo.

No venían los árboles,
no iba conmigo el agua
vertiginosa que quiso matarme,
ni la tierra espinosa.
Solo el hombre,
solo el hombre estaba conmigo.
No las manos del árbol,
hermosas como rostros, ni las graves
raíces que conocen la tierra
me ayudaron.
Solo el hombre.
No sé cómo se llama.
Era tan pobre como yo, tenía
ojos como los míos, y con ellos
descubría el camino
para que otro hombre pasara.
Y aquí estoy.
Por eso existo.

Creo
que no nos juntaremos en la altura.
Creo
que bajo la tierra nada nos espera,
pero sobre la tierra
vamos juntos.
Nuestra unidad está sobre la tierra.

2

PALABRAS A EUROPA

Yo, americano de las tierras pobres,
de las metálicas mesetas,
en donde el golpe del hombre contra el hombre
se agrega al de la tierra sobre el hombre.
Yo, americano errante,
huérfano de los ríos y de los
volcanes que me procrearon,
a vosotros, sencillos europeos
de las calles torcidas,
humildes propietarios de la paz y el aceite,
sabios tranquilos como el humo,
yo os digo: aquí he venido
a aprender de vosotros,
de unos y otros, de todos,
porque de qué me serviría
la tierra, para qué se hicieron
el mar y los caminos,
sino para ir mirando y aprendiendo
de todos los seres un poco.
No me cerréis la puerta
(como las puertas negras, salpicadas de sangre
de mi materna España).
No me mostréis la guadaña enemiga
ni el escuadrón blindado,
ni las antiguas horcas para el nuevo ateniense,
en las anchas vías gastadas
por el resplandor de las uvas.
No quiero ver un soldadito muerto
con los ojos comidos.
Mostradme de una patria a otra
el infinito hilo de la vida

cosiendo el traje de la primavera.
Mostradme una máquina pura,
azul de acero bajo el grueso aceite,
lista para avanzar en los trigales.
Mostradme el rostro lleno de raíces
de Leonardo, porque ese rostro
es vuestra geografía,
y en lo alto de los montes,
tantas veces descritos y pintados,
vuestras banderas juntas
recibiendo
el viento electrizado.

Traed agua del Volga fecundo
al agua del Arno dorado.
Traed semillas blancas
de la resurrección de Polonia,
y de vuestras viñas llevad
el dulce fuego rojo
al Norte de la nieve!
Yo, americano, hijo
de las más anchas soledades del hombre,
vine a aprender la vida de vosotros
y no la muerte, y no la muerte!
Yo no crucé el océano,
ni las mortales cordilleras,
ni la pestilencia salvaje
de las prisiones paraguayas,
para venir a ver
junto a los mirtos que solo conocía
en los libros amados,
vuestras cuencas sin ojos y vuestra sangre seca
en los caminos.

Yo a la miel antigua y al nuevo

esplendor de la vida he venido.
Yo a vuestra paz y a vuestras puertas,
a vuestras lámparas encendidas,
a vuestras bodas he venido.
A vuestras bibliotccas solcmnes
desde tan lejos he venido.
A vuestras fábricas deslumbrantes
llego a trabajar un momento
y a comer entre los obreros.
En vuestras casas entro y salgo.
En Venecia, en Hungría la bella,
en Copenhague me veréis,
en Leningrado, conversando
con el joven Pushkin, en Praga
con Fučik, con todos los muertos
y todos los vivos, con todos
los metales verdes del Norte
y los claveles de Salerno.
Yo soy el testigo que llega
a visitar vuestra morada.
Ofrecedme la paz y el vino.

Mañana temprano me voy.

Me está esperando en todas partes
la primavera.

REGRESÓ LA SIRENA

1

PRIMAVERA EN EL NORTE

Yo recorrí la primavera
verde y abrasadora
de Polonia.
Temblaban en la luz los cereales
de la abundancia, la leche deslizaba
un río blanco
hacia el mar
desde la agricultura colectiva,
los campos húmedos, olor de suelo,
flores como relámpagos azules
o puntuaciones rápidas de sangre.
Desde el invierno largo los pinares
movían sus costados de navío
como embarcándose en la primavera,
y debajo, en la sombra turbadora,
las fresas entreabrían sus pezones.

El aire era metálico,
un aire nuevo de resurrección,
porque no solo el bosque,
el mar, la tierra,
sino el hombre,
allí resucitaban.
Allí el diluvio fue de sangre,
el arca clandestina de la lucha
navegó entre los muertos.
Por eso la violenta primavera
de Polonia tenía
sabor ferruginoso
para mi boca, era
un eléctrico líquido,
el beso de la tierra,
el corazón del hombre
en la copa estrellada de la vida!

2

LA PAZ CONSTRUYENDO

Pero la vida
allí también estaba.
En otras partes y otras horas
de mi vida, la muerte
me esperó en las esquinas.
Aquí la vida espera.
He visto en Gdansk la vida
repoblándose.
Me besaron
los motores con labios de acero.
El agua trepidaba.
He visto majestuosas

pasar como castillos sobre el agua
las grúas de hierro marino,
recién reconstruidas.
He visto el gigantesco
ovillo machacado
del hierro sobre el hierro
bombardeado
dar a luz poco a poco
la forma de las grúas,
y despertar del fondo de la muerte
la majestad azul del astillero.
He visto con mis ojos
pulular el rocío de la ola
en la resurrección de las carenas,
de las proas bordadas
por el hombre recién desenterrado.
He visto
cómo nacía un puerto,
pero no de las aguas y las tierras
lavadas y lustradas,
sino de la catástrofe.
Y yo te he visto, titánica paloma,
blanca y azul, marina,
nacer y levantarte
volando firme y fuerte
desde la destrucción enmarañada
y desde la sangrienta soledad
del viento y las cenizas!

EL PASTOR PERDIDO

VUELVE, ESPAÑA

España, España corazón violeta,
me has faltado del pecho, tú me faltas
no como falta el sol en la cintura
sino como la sal en la garganta,
como el pan en los dientes, como el odio
en la colmena negra, como el día
sobre los sobresaltos de la aurora,
pero no es eso aún, como el tejido
del elemento visceral, profundo
párpado que no mira y que no cede,
terreno mineral, rosa de hueso
abierta en mi razón como un castillo.

A quién puedo llamar sino a tu boca?

Tengo otros labios que me representen?

Estás abandonada o estoy mudo?

Qué significa tu callada esfera?

Dónde voy sin tu voz, arena madre?

Qué soy sin tu fanal crucificado?

Dónde estoy sin el agua de tu roca?

Quién eres tú si no me diste sangre?

Oh tormento! Recóbrame, recíbeme
antes de que mi nombre y mis espigas
desaparezcan en la primavera.
Porque a tus soledades iracundas
va mi destino encadenado, al peso
de tu victoria. A ti voy conducido.

España, eres más grave que una fecha,
que una adivinación, que una tormenta,
y no importa la torre despiadada
de tu perdida voz, sino la dura
resistencia, la piedra que sostiene.

Pero por qué, si soy arena tuya,
agua en tus aguas, sangre en tus heridas,
hoy me niegas la boca que me llama,
tu voz, la construcción de mi existencia?

Pido a lo que en tu ser es mi sustancia,
a tu desgarradura de cuchillos,
que se abran hoy, sobre la desventura,
las iluminaciones de tu rostro,
y te levantes, horadando el cielo,
rompiendo las tinieblas y los signos,
hasta surgir, harina y alborada,
luna encendida sobre los osarios.

Matarás. Mata, España, santa virgen,
levántate empuñando la ternura
como una ciega rosa desatada
sobre las pedrerías infernales.

Ven a mí, devuélveme la torre
que me robaron,
devuélveme la lengua
y el pueblo que me esperan, asómbrame
con la unidad final de tu hermosura.
Levántate en tu sangre y en tu fuego:
la sangre que tú diste, la primera,
y el fuego, nido de tu luz sagrada.

LA PATRIA DEL RACIMO

CABELLERA DE CAPRI

Capri, reina de roca,
en tu vestido
de color amaranto y azucena
viví desarrollando
la dicha y el dolor, la viña llena
de radiantes racimos
que conquisté en la tierra,
el trémulo tesoro
de aroma y cabellera,
lámpara cenital, rosa extendida,
panal de mi planeta.
Desembarqué en invierno.
Su traje de zafiro
la isla en sus pies guardaba,
y desnuda surgía en su vapor
de catedral marina.
Era de piedra su hermosura. En cada
fragmento de su piel reverdecía
la primavera pura
que escondía en las grietas su tesoro.

Un relámpago rojo y amarillo
bajo la luz delgada
yacía soñoliento
esperando la hora
de desencadenar su poderío.
En la orilla de pájaros inmóviles,
en mitad del cielo,
un ronco grito, el viento
y la indecible espuma.
De plata y piedra tu vestido, apenas
la flor azul estalla
bordando el manto hirsuto
con su sangre celeste.
Oh soledad de Capri, vino
de las uvas de plata,
copa de invierno, plena
de ejercicio invisible,
levanté tu firmeza,
tu delicada luz, tus estructuras,
y tu alcohol de estrella
bebí como si fuera
naciendo en mí la vida.

Isla, de tus paredes
desprendí la pequeña flor nocturna
y la guardo en mi pecho.
Y desde el mar girando en tu contorno
hice un anillo de agua
que allí quedó en las olas,
encerrando las torres orgullosas
de piedra florecida,
las cumbres agrietadas
que mi amor sostuvieron
y guardarán con manos implacables
la huella de mis besos.

NOSTALGIAS Y REGRESOS
(INTERMEDIO)

CUÁNDO DE CHILE

Oh Chile, largo pétalo
de mar y vino y nieve,
ay cuándo
ay cuándo y cuándo
ay cuándo
me encontraré contigo,
enrollarás tu cinta
de espuma blanca y negra en mi cintura,
desencadenaré mi poesía
sobre tu territorio.

Hay hombres
mitad pez, mitad viento,
hay otros hombres hechos de agua.
Yo estoy hecho de tierra.
Voy por el mundo
cada vez más alegre:
cada ciudad me da una nueva vida.
El mundo está naciendo.

Pero si llueve en Lota
sobre mí cae la lluvia,
si en Lonquimay la nieve
resbala de las hojas
llega la nieve donde estoy.
Crece en mí el trigo oscuro de Cautín.
Yo tengo una araucaria en Villarrica,
tengo arena en el Norte Grande,
tengo una rosa rubia en la provincia,
y el viento que derriba
la última ola de Valparaíso
me golpea en el pecho
con un ruido quebrado
como si allí tuviera
mi corazón una ventana rota.
El mes de octubre ha llegado hace
tan poco tiempo del pasado octubre
que cuando este llegó fue como si
me estuviera mirando el tiempo inmóvil.
Aquí es otoño. Cruzo
la estepa siberiana.
Día tras día todo es amarillo,
el árbol y la usina,
la tierra y lo que en ella el hombre nuevo crea:
hay oro y llama roja,
mañana inmensidad, nieve, pureza.

En mi país la primavera
viene de norte a sur con su fragancia.
Es como una muchacha
que por las piedras negras de Coquimbo,
por la orilla solemne de la espuma
vuela con pies desnudos
hasta los archipiélagos heridos.
No solo territorio, primavera,

llenándome, me ofreces.
No soy un hombre solo.
Nací en el Sur. De la frontera
traje las soledades y el galope
del último caudillo.
Pero el Partido me bajó del caballo
y me hice hombre, y anduve
los arenales y las cordilleras
amando y descubriendo.

Pueblo mío, verdad que en primavera
suena mi nombre en tus oídos
y tú me reconoces
como si fuera un río
que pasa por tu puerta?

Soy un río. Si escuchas
pausadamente bajo los salares
de Antofagasta, o bien
al sur de Osorno
o hacia la cordillera, en Melipilla,
o en Temuco, en la noche
de astros mojados y laurel sonoro,
pones sobre la tierra tus oídos,
escucharás que corro
sumergido, cantando.

Octubre, oh primavera,
devuélveme a mi pueblo.
Qué haré sin ver mil hombres,
mil muchachas,
qué haré sin conducir sobre mis hombros
una parte de la esperanza?
Qué haré sin caminar con la bandera
que de mano en mano en la fila

de nuestra larga lucha
llegó a las manos mías?
Ay Patria, Patria,
ay Patria, cuándo
ay cuándo y cuándo
cuándo
me encontraré contigo?

Lejos de ti
mitad de tierra tuya y hombre tuyo
he continuado siendo,
y otra vez hoy la primavera pasa.
Pero yo con tus flores me he llenado,
con tu victoria voy sobre la frente
y en ti siguen viviendo mis raíces.

Ay cuándo
encontraré tu primavera dura,
y entre todos tus hijos
andaré por tus campos y tus calles
con mis zapatos viejos.
Ay cuándo
iré con Elías Lafferte
por toda la pampa dorada.
Ay cuándo a ti te apretaré la boca,
chilena que me esperas,
con mis labios errantes?
Ay cuándo
podré entrar en la sala del Partido
a sentarme con Pedro Fogonero,
con el que no conozco y sin embargo
es más hermano mío que mi hermano.
Ay cuándo
me sacará del sueño un trueno verde
de tu manto marino.

Ay cuándo, Patria, en las elecciones
iré de casa en casa recogiendo
la libertad temerosa
para que grite en medio de la calle.
Ay cuándo, Patria,
te casarás conmigo
con ojos verdemar y vestido de nieve
y tendremos millones de hijos nuevos
que entregarán la tierra a los hambrientos.

Ay Patria, sin harapos,
ay primavera mía,
ay cuándo
ay cuándo y cuándo
despertaré en tus brazos
empapado de mar y de rocío.
Ay cuando yo esté cerca
de ti, te tomaré de la cintura,
nadie podrá tocarte,
yo podré defenderte
cantando,
cuando
vaya contigo, cuando
vayas conmigo, cuándo
ay cuándo.

LA MIEL DE HUNGRÍA

ADELANTE!

URSS,
China,
Repúblicas
populares,
oh mundo
socialista,
mundo
mío,
produce,
haz árboles, canales,
arroz, acero,
cereales, usinas,
libros, locomotoras,
tractores y ganados.
Saca del mar tus peces
y de la tierra rica las cosechas
más doradas del mundo.
Que desde las estrellas
se divisen

brillando como minas descubiertas
tus graneros,
que trepiden los pies en el planeta
con el ritmo de ataque
de las perforadoras,
que el carbón de su cuna
salga en un grito rojo
hacia las fundiciones eminentes,
y el pan de cada día
se desborde,
la miel, la carne
sean puros océanos,
las ruedas verdes de las maquinarias
se ajusten a los ejes oceánicos.
Busca bajo la nieve,
y en la altura,
que tus alas de paz deslumbradora
pueblen de música motorizada
las últimas esferas
de la patria celeste.
Yo habito
en el mundo del odio.
Leo la prensa del odio.
Quieren
que un viento atroz destruya las cosechas.
Que no se reincorporen tus ciudades.
Quieren
que estallen tus motores
y que no lleguen pan ni vino
a las múltiples bocas de tus pueblos.
Quieren negarte el agua,
la vida, el aire.
Por eso,
hombre del mundo socialista, asómate,

asómate sonriente,
coronado de flores y de usinas,
erguido sobre todos
los frutos de este mundo.

EL ÁNGEL DEL COMITÉ CENTRAL

ÁNGEL, OH CAMARADA

Guerrero solitario, ángel de todas
las latitudes, apareces
tal vez en las sombrías cavidades
de la mina, cuando la represión y la fatiga
van a doblar tus brazos, y levantas
tus alas minerales como escudo.

Es en aquella sombra entre los pueblos
cuando tu vuelo organizado cruza
las difíciles tierras de la espina,
las alambradas negras de la muerte.
Camarada, te espera el que sucumbe,
te espera el que reserva
su energía, el que sale del peligro
y el que vuelve al peligro. Estás en medio
del tiempo tempestuoso, de la cólera
con sombrero gastado, parecido
a todo el mundo, con las alas listas
bajo la luz común de una pobre chaqueta.
Eres tú la unidad de estos destinos.

Sobre toda la tierra estás volando.

Nadie te reconoce sino aquellos
que también leen en la noche negra
la radiante escritura de mañana.

Sin verte muchos hombres
junto a ti pasarán, junto a la esquina
en que apoyado a un muro serás calle
o árbol sin nombre en la arboleda humana.

Pero el que viene a ti sabe que existes.
Y ese, detrás de tus comunes ojos,
adivina la espada de los pueblos.

O bien a plena luz en las regiones
liberadas del Este nos recibes a todos,
no como a desterrados, sino que sonriente
para darnos
la paz, y el pan, las llaves
de la tierra.

MEMORIAL DE ESTOS AÑOS

1

VINO LA MUERTE DE PAUL

En estos días recibí la muerte
de Paul Éluard.
Ahí, el pequeño sobre
del telegrama.
Cerré los ojos, era
su muerte, algunas letras,
y un gran vacío blanco.

Así es la muerte. Así
vino a través del aire
la flecha de su muerte
a traspasar mis dedos
y herirme como espina
de una rosa terrible.

Héroe o pan, no recuerdo
si su loca dulzura
fue la del coronado vencedor

o fue solo la miel que se reparte.
Yo recuerdo
sus ojos,
gotas de aquel océano celeste,
flores de azul cerezo,
antigua primavera.

Cuántas cosas
caminan por la tierra y por el tiempo,
hasta formar un hombre.
Lluvia,
pájaros litorales cuyo grito
ronco resuena en la espuma,
torres,
jardines y batallas.

Eso
era Éluard: un hombre
hacia el que habían venido
caminando
rayas de lluvia, verticales hilos
de intemperie,
y espejo de agua clásica
en que se reflejaba y florecía
la torre de la paz y la hermosura.

2

AQUÍ VIENE NAZIM HIKMET

Nazim, de las prisiones
recién salido,
me regaló su camisa bordada
con hilos de oro rojo

como su poesía.

Hilos de sangre turca
son sus versos,
fábulas verdaderas
con antigua inflexión, curvas o rectas,
como alfanjes o espadas,
sus clandestinos versos
hechos para enfrentarse
con todo el mediodía de la luz,
hoy son como las armas escondidas,
brillan bajo los pisos,
esperan en los pozos,
bajo la oscuridad impenetrable
de los ojos oscuros
de su pueblo.
De sus prisiones vino
a ser mi hermano
y recorrimos juntos
las nieves esteparias
y la noche encendida
con nuestras propias lámparas.

Aquí está su retrato
para que no se olvide su figura:

Es alto
como una torre
levantada en la paz de las praderas
y arriba
dos ventanas:
sus ojos
con la luz de Turquía.

Errantes

encontramos
la tierra firme bajo nuestros pies,
la tierra conquistada
por héroes y poetas,
las calles de Moscú, la luna llena
floreciendo en los muros,
las muchachas
que amamos,
el amor que adoramos,
la alegría,
nuestra única secta,
la esperanza total que compartimos,
y más que todo
una lucha
de pueblos
donde son una gota y otra gota,
gotas del mar humano,
sus versos y mis versos.

Pero
detrás de la alegría de Nazim
hay hechos,
hechos como maderos
o como fundaciones de edificios.

Años
de silencio y presidio.
Años
que no lograron
morder, comer, tragarse
su heroica juventud.

Me contaba
que por más de diez años
le dejaron

la luz de la bombilla eléctrica
toda la noche y hoy
olvida cada noche,
deja en la libertad
aún la luz encendida.
Su alegría
tiene raíces negras
hundidas en su patria
como flor de pantanos.

Por eso
cuando ríe,
cuando ríe Nazim,
Nazim Hikmet,
no es como cuando ríes:
es más blanca su risa,
en él ríe la luna,
la estrella,
el vino,
la tierra que no muere,
todo el arroz saluda con su risa,
todo su pueblo canta por su boca.

EPÍLOGO

EL CANTO REPARTIDO

Entre la cordillera
y el mar de Chile
escribo.

La cordillera blanca.
El mar color de hierro.

Regresé de mis viajes
con los nuevos racimos.

Y el viento.

El viento sacudía
la tierra, las raíces.

Yo viajé con el viento.

Hoy entre mar y nieve
y tierra mía

yo dispuse los dones
que recogí en el mundo.

Yo establecí mi amor
como una zarza ardiendo
sobre la primavera
de mi patria.

Yo regresé cantando.

Donde estuve, la vida
creadora
me revistió de gérmenes
y frutos.

Yo regresé vestido
de uvas y cereales.

Yo traje la semilla
de escuelas transparentes,
el follaje acerado
de las frescas usinas,
el latido
de la tenacidad y el movimiento
de la extensión poblándose de aroma.

En un sitio cualquiera
vi el pan disminuido
y más allá extenderse
los reinos de la espiga.

Vi en los pueblos la guerra
como despedazada
dentadura
y vi la paz redonda

en otras tierras
crecer como una copa,

como el hijo en la madre.

Yo he visto.

En donde estuve, aun
en las espinas
que quisieron herirme,
hallé que una paloma
iba cosiendo
en su vuelo
mi corazón con otros
corazones.
Hallé por todas partes
pan, vino, fuego, manos,
ternura.

Yo dormí bajo todas
las banderas
reunidas
como bajo las ramas
de un solo bosque verde
y las estrellas eran
mis estrellas.

De mis encarnizadas
luchas, de mis dolores,
yo no conservo nada
que no pueda serviros.

También como la tierra,
yo pertenezco a todos.
No hay una sola gota

de odio en mi pecho. Abiertas
van mis manos
esparciendo las uvas
en el viento.

Regresé de mis viajes
Navegué construyendo
la alegría.
Que el amor nos defienda.

Que levante sus nuevas
vestiduras
la rosa. Que la tierra
siga sin fin florida
floreciendo.

Entre las cordilleras
y las olas nevadas
de Chile,
renacido en la sangre
de mi pueblo,
para vosotros todos,
para vosotros canto.

Que sea repartido
todo canto en la tierra.

Que suban los racimos.
Que los propague el viento.

Así sea.

LOS VERSOS DEL CAPITÁN

EL AMOR

EN TI LA TIERRA

Pequeña
rosa,
rosa pequeña,
a veces,
diminuta y desnuda,
parece
que en una mano mía
cabes,
que así voy a cerrarte
y a llevarte a mi boca,
pero
de pronto
mis pies tocan tus pies y mi boca tus labios,
has crecido,
suben tus hombros como dos colinas,
tus pechos se pasean por mi pecho,
mi brazo alcanza apenas a rodear la delgada
línea de luna nueva que tiene tu cintura:
en el amor como agua de mar te has desatado:
mido apenas los ojos más extensos del cielo
y me inclino a tu boca para besar la tierra.

LA REINA

Yo te he nombrado reina.
Hay más altas que tú, más altas.
Hay más puras que tú, más puras.
Hay más bellas que tú, hay más bellas.

Pero tú eres la reina.

Cuando vas por las calles
nadie te reconoce.
Nadie ve tu corona de cristal, nadie mira
la alfombra de oro rojo
que pisas donde pasas,
la alfombra que no existe.

Y cuando asomas
suenan todos los ríos
en mi cuerpo, sacuden
el cielo las campanas,
y un himno llena el mundo.

Solo tú y yo,
solo tú y yo, amor mío,
lo escuchamos.

8 DE SEPTIEMBRE

Hoy, este día fue una copa plena,
hoy, este día fue la inmensa ola,
hoy, fue toda la tierra.

Hoy el mar tempestuoso
nos levantó en un beso

tan alto que temblamos
a la luz de un relámpago
y, atados, descendimos
a sumergirnos sin desenlazarnos.

Hoy nuestros cuerpos se hicieron extensos,
crecieron hasta el límite del mundo
y rodaron fundiéndose
en una sola gota
de cera o meteoro.

Entre tú y yo se abrió una nueva puerta
y alguien, sin rostro aún,
allí nos esperaba.

EL DESEO

EL CÓNDOR

Yo soy el cóndor, vuelo
sobre ti que caminas
y de pronto en un ruedo
de viento, pluma, garras,
te asalto y te levanto
en un ciclón silbante
de huracanado frío.

Y a mi torre de nieve,
a mi guarida negra
te llevo y sola vives,
y te llenas de plumas
y vuelas sobre el mundo,
inmóvil, en la altura.

Hembra cóndor, saltemos
sobre esta presa roja,
desgarremos la vida
que pasa palpitando

y levantemos juntos
nuestro vuelo salvaje.

EL INSECTO

De tus caderas a tus pies
quiero hacer un largo viaje.

Soy más pequeño que un insecto.

Voy por estas colinas,
son de color de avena,
tienen delgadas huellas
que solo yo conozco,
centímetros quemados,
pálidas perspectivas.

Aquí hay una montaña.
No saldré nunca de ella.
Oh qué musgo gigante!
Y un cráter, una rosa
de fuego humedecido!

Por tus piernas desciendo
hilando una espiral
o durmiendo en el viaje
y llego a tus rodillas
de redonda dureza
como a las cimas duras
de un claro continente.

Hacia tus pies resbalo,
a las ocho aberturas
de tus dedos agudos,

lentos, peninsulares,
y de ellos al vacío
de la sábana blanca
caigo, buscando ciego
y hambriento tu contorno
de vasija quemante!

LAS FURIAS

EL SUEÑO

Andando en las arenas
yo decidí dejarte.

Pisaba un barro oscuro
que temblaba,
y hundiéndome y saliendo
decidí que salieras
de mí, que me pesabas
como piedra cortante,
y elaboré tu pérdida
paso a paso:
cortarte las raíces,
soltarte sola al viento.

Ay, en ese minuto,
corazón mío, un sueño
con sus alas terribles
te cubría.

Te sentías tragada por el barro,
y me llamabas y yo no acudía,

te ibas, inmóvil,
sin defenderte
hasta ahogarte en la boca de arena.

Después
mi decisión se encontró con tu sueño,
y desde la ruptura
que nos quebraba el alma,
surgimos limpios otra vez, desnudos,
amándonos
sin sueño, sin arena,
completos y radiantes,
sellados por el fuego.

LAS VIDAS

NO SOLO EL FUEGO

Ay sí, recuerdo,
ay tus ojos cerrados
como llenos por dentro de luz negra,
todo tu cuerpo como una mano abierta,
como un racimo blanco de la luna,
y el éxtasis,
cuando nos mata un rayo,
cuando un puñal nos hiere en las raíces
y nos rompe una luz la cabellera,
y cuando
vamos de nuevo
volviendo a la vida,
como si del océano saliéramos,
como si del naufragio
volviéramos heridos
entre las piedras y las algas rojas.

Pero
hay otros recuerdos,
no solo flores del incendio,

sino pequeños brotes
que aparecen de pronto
cuando voy en los trenes
o en las calles.

Te veo
lavando mis pañuelos,
colgando en la ventana
mis calcetines rotos,
tu figura en que todo,
todo el placer como una llamarada
cayó sin destruirte,
de nuevo,
mujercita
de cada día,
de nuevo ser humano,
humildemente humano,
soberbiamente pobre,
como tienes que ser para que seas
no la rápida rosa
que la ceniza del amor deshace,
sino toda la vida,
toda la vida con jabón y agujas,
con el aroma que amo
de la cocina que tal vez no tendremos
y en que tu mano entre las papas fritas
y tu boca cantando en invierno
mientras llega el asado
serían para mí la permanencia
de la felicidad sobre la tierra.

Ay vida mía,
no solo el fuego entre nosotros arde,
sino toda la vida,

la simple historia,
el simple amor
de una mujer y un hombre
parecidos a todos.

ODA Y GERMINACIONES

1

Hilo de trigo y agua,
de cristal o de fuego,
la palabra y la noche,
el trabajo y la ira,
la sombra y la ternura,
todo lo has ido poco a poco cosiendo
a mis bolsillos rotos,
y no solo en la zona trepidante
en que amor y martirio son gemelos
como dos campanas de incendio,
me esperaste, amor mío,
sino en las más pequeñas
obligaciones dulces.
El aceite dorado de Italia hizo tu nimbo,
santa de la cocina y la costura,
y tu coquetería pequeñuela,
que tanto se tardaba en el espejo,
con tus manos que tienen
pétalos que el jazmín envidiaría
lavó los utensilios y mi ropa,

desinfectó las llagas.
Amor mío, a mi vida
llegaste preparada
como amapola y como guerrillera:
de seda el esplendor que yo recorro
con el hambre y la sed
que solo para ti traje a este mundo,
y detrás de la seda
la muchacha de hierro
que luchará a mi lado.
Amor, amor, aquí nos encontramos.
Seda y metal, acércate a mi boca.

ODAS ELEMENTALES

EL HOMBRE INVISIBLE

Yo me río,
me sonrío
de los viejos poetas,
yo adoro toda
la poesía escrita,
todo el rocío,
luna, diamante, gota
de plata sumergida,
que fue mi antiguo hermano
agregando a la rosa,
pero
me sonrío,
siempre dicen «yo»,
a cada paso
les sucede algo,
es siempre «yo»,
por las calles
solo ellos andan
o la dulce que aman,
nadie más,
no pasan pescadores,
ni libreros,
no pasan albañiles,

nadie se cae
de un andamio,
nadie sufre,
nadie ama,
solo mi pobre hermano,
el poeta,
a él le pasan
todas las cosas
y a su dulce querida,
nadie vive
sino él solo,
nadie llora de hambre
o de ira,
nadie sufre en sus versos
porque no puede
pagar el alquiler,
a nadie en poesía
echan a la calle
con camas y con sillas
y en las fábricas
tampoco pasa nada,
no pasa nada,
se hacen paraguas, copas,
armas, locomotoras,
se extraen minerales
rascando el infierno,
hay huelga,
vienen soldados,
disparan,
disparan contra el pueblo,
es decir,
contra la poesía,
y mi hermano
el poeta
estaba enamorado,

o sufría
porque sus sentimientos
son marinos,
ama los puertos
remotos, por sus nombres,
y escribe sobre océanos
que no conoce,
junto a la vida, repleta
como el maíz de granos,
él pasa sin saber
desgranarla,
él sube y baja
sin tocar la tierra,
o a veces
se siente profundísimo
y tenebroso,
él es tan grande
que no cabe en sí mismo,
se enreda y desenreda,
se declara maldito,
lleva con gran dificultad la cruz
de las tinieblas,
piensa que es diferente
a todo el mundo,
todos los días come pan
pero no ha visto nunca
un panadero
ni ha entrado a un sindicato
de panificadores,
y así mi pobre hermano
se hace oscuro,
se tuerce y se retuerce
y se halla
interesante,
interesante,

esta es la palabra,
yo no soy superior
a mi hermano
pero sonrío,
porque voy por las calles
y solo yo no existo,
la vida corre
como todos los ríos,
yo soy el único
invisible,
no hay misteriosas sombras,
no hay tinieblas,
todo el mundo me habla,
me quieren contar cosas,
me hablan de sus parientes,
de sus miserias
y de sus alegrías,
todos pasan y todos
me dicen algo,
y cuántas cosas hacen!
cortan maderas,
suben hilos eléctricos,
amasan hasta tarde en la noche
el pan de cada día,
con una lanza de hierro
perforan las entrañas
de la tierra
y convierten el hierro
en cerraduras,
suben al cielo y llevan
cartas, sollozos, besos,
en cada puerta
hay alguien,
nace alguno,
o me espera la que amo,

y yo paso y las cosas
me piden que las cante,
yo no tengo tiempo,
debo pensar en todo,
debo volver a casa,
pasar al Partido,
qué puedo hacer,
todo me pide
que hable,
todo me pide
que cante y cante siempre,
todo está lleno
de sueños y sonidos,
la vida es una caja
llena de cantos, se abre
y vuela y viene
una bandada
de pájaros
que quieren contarme algo
descansando en mis hombros,
la vida es una lucha
como un río que avanza
y los hombres
quieren decirme,
decirte,
por qué luchan,
si mueren,
por qué mueren,
y yo paso y no tengo
tiempo para tantas vidas,
yo quiero
que todos vivan
en mi vida
y canten en mi canto,
yo no tengo importancia,

no tengo tiempo
para mis asuntos,
de noche y de día
debo anotar lo que pasa,
y no olvidar a nadie.
Es verdad que de pronto
me fatigo
y miro las estrellas,
me tiendo en el pasto, pasa
un insecto color de violín,
pongo el brazo
sobre un pequeño seno
o bajo la cintura
de la dulce que amo,
y miro el terciopelo
duro
de la noche que tiembla
con sus constelaciones congeladas,
entonces
siento subir a mi alma
la ola de los misterios,
la infancia,
el llanto en los rincones,
la adolescencia triste,
y me da sueño,
y duermo
como un manzano,
me quedo dormido
de inmediato
con las estrellas o sin las estrellas,
con mi amor o sin ella,
y cuando me levanto
se fue la noche,
la calle ha despertado antes que yo,
a su trabajo

van las muchachas pobres,
los pescadores vuelven
del océano,
los mineros
van con zapatos nuevos
entrando en la mina,
todo vive,
todos pasan,
andan apresurados,
y yo tengo apenas tiempo
para vestirme,
yo tengo que correr:
ninguno puede
pasar sin que yo sepa
adónde va, qué cosa
le ha sucedido.
No puedo
sin la vida vivir,
sin el hombre ser hombre
y corro y veo y oigo
y canto,
las estrellas no tienen
nada que ver conmigo,
la soledad no tiene
flor ni fruto.
Dadme para mi vida
todas las vidas,
dadme todo el dolor
de todo el mundo,
yo voy a transformarlo
en esperanza.
Dadme
todas las alegrías,
aun las más secretas,
porque si así no fuera,

cómo van a saberse?
Yo tengo que contarlas,
dadme
las luchas
de cada día
porque ellas son mi canto,
y así andaremos juntos,
codo a codo,
todos los hombres,
mi canto los reúne:
el canto del hombre invisible
que canta con todos los hombres.

ODA AL AIRE

Andando en un camino
encontré al aire,
lo saludé y le dije
con respeto:
«Me alegro
de que por una vez
dejes tu transparencia,
así hablaremos».
El incansable,
bailó, movió las hojas,
sacudió con su risa
el polvo de mis suelas,
y levantando toda
su azul arboladura,
su esqueleto de vidrio,
sus párpados de brisa,
inmóvil como un mástil
se mantuvo escuchándome.
Yo le besé su capa

de rey del cielo,
me envolví en su bandera
de seda celestial
y le dije:
monarca o camarada,
hilo, corola o ave,
no sé quién eres, pero
una cosa te pido,
no te vendas.
El agua se vendió
y de las cañerías
en el desierto
he visto
terminarse las gotas
y el mundo pobre, el pueblo
caminar con su sed
tambaleando en la arena.
Vi la luz de la noche
racionada,
la gran luz en la casa
de los ricos.
Todo es aurora en los
nuevos jardines suspendidos.
Todo es oscuridad
en la terrible
sombra del callejón.
De allí la noche,
madre madrastra,
sale
con un puñal en medio
de sus ojos de búho,
y un grito, un crimen,
se levantan y apagan
tragados por la sombra.

No, aire,
no te vendas,
que no te canalicen,
que no te entuben,
que no te encajen
ni te compriman,
que no te hagan tabletas,
que no te metan en una botella,
cuidado!
llámame
cuando me necesites,
yo soy el poeta hijo
de pobres, padre, tío,
primo, hermano carnal
y concuñado
de los pobres, de todos,
de mi patria y las otras,
de los pobres que viven junto al río
y de los que en la altura
de la vertical cordillera
pican piedra,
clavan tablas,
cosen ropa,
cortan leña,
muelen tierra,
y por eso
yo quiero que respiren,
tú eres lo único que tienen,
por eso eres
transparente,
para que vean
lo que vendrá mañana,
por eso existes,
aire,
déjate respirar,

no te encadenes,
no te fíes de nadie
que venga en automóvil
a examinarte,
déjalos,
ríete de ellos,
vuélales el sombrero,
no aceptes
sus proposiciones,
vamos juntos
bailando por el mundo,
derribando las flores
del manzano,
entrando en las ventanas,
silbando juntos,
silbando
melodías
de ayer y de mañana,
ya vendrá un día
en que libertaremos
la luz y el agua,
la tierra, el hombre,
y todo para todos
será, como tú eres.
Por eso, ahora,
cuidado!
y ven conmigo,
nos queda mucho
que bailar y cantar,
vamos
a lo largo del mar,
a lo alto de los montes,
vamos
donde esté floreciendo
la nueva primavera

y en un golpe de viento
y canto
repartamos las flores,
el aroma, los frutos,
el aire
de mañana.

ODA A LA ALCACHOFA

La alcachofa
de tierno corazón
se vistió de guerrero,
erecta, construyó
una pequeña cúpula,
se mantuvo
impermeable
bajo
sus escamas,
a su lado
los vegetales locos
se encresparon,
se hicieron
zarcillos, espadañas,
bulbos conmovedores,
en el subsuelo
durmió la zanahoria
de bigotes rojos,
la viña
resecó los sarmientos
por donde sube el vino,
la col
se dedicó
a probarse faldas,
el orégano

a perfumar el mundo,
y la dulce
alcachofa
allí en el huerto,
vestida de guerrero,
bruñida
como una granada,
orgullosa,
y un día
una con otra
en grandes cestos
de mimbre, caminó
por el mercado
a realizar su sueño:
la milicia.
En hileras
nunca fue tan marcial
como en la feria,
los hombres
entre las legumbres
con sus camisas blancas
eran
mariscales
de las alcachofas,
las filas apretadas,
las voces de comando,
y la detonación
de una caja que cae,
pero
entonces
viene
María
con su cesto,
escoge
una alcachofa,

no le teme,
la examina, la observa
contra la luz como si fuera un huevo,
la compra,
la confunde
en su bolsa
con un par de zapatos,
con un repollo y una
botella
de vinagre
hasta
que entrando a la cocina
la sumerge en la olla.
Así termina
en paz
esta carrera
del vegetal armado
que se llama alcachofa,
luego
escama por escama
desvestimos
la delicia
y comemos
la pacífica pasta
de su corazón verde.

ODA A LA CRÍTICA

Yo escribí cinco versos:
uno verde,
otro era un pan redondo,
el tercero una casa levantándose,
el cuarto era un anillo,
el quinto verso era

corto como un relámpago
y al escribirlo
me dejó en la razón su quemadura.

Y bien, los hombres,
las mujeres,
vinieron y tomaron
la sencilla materia,
brizna, viento, fulgor, barro, madera
y con tan poca cosa
construyeron
paredes, pisos, sueños.
En una línea de mi poesía
secaron ropa al viento.
Comieron
mis palabras,
las guardaron
junto a la cabecera,
vivieron con un verso,
con la luz que salió de mi costado.
Entonces,
llegó un crítico mudo
y otro lleno de lenguas,
y otros, otros llegaron
ciegos o llenos de ojos,
elegantes algunos
como claveles con zapatos rojos,
otros estrictamente
vestidos de cadáveres,
algunos partidarios
del rey y su elevada monarquía,
otros se habían
enredado en la frente
de Marx y pataleaban en su barba,
otros eran ingleses,

sencillamente ingleses,
y entre todos
se lanzaron
con dientes y cuchillos,
con diccionarios y otras armas negras,
con citas respetables,
se lanzaron
a disputar mi pobre poesía
a las sencillas gentes
que la amaban:
y la hicieron embudos,
la enrollaron,
la sujetaron con cien alfileres,
la cubrieron con polvo de esqueleto,
la llenaron de tinta,
la escupieron con suave
benignidad de gatos,
la destinaron a envolver relojes,
la protegieron y la condenaron,
le arrimaron petróleo,
le dedicaron húmedos tratados,
la cocieron con leche,
le agregaron pequeñas piedrecitas,
fueron borrándole vocales,
fueron matándole
sílabas y suspiros,
la arrugaron e hicieron
un pequeño paquete
que destinaron cuidadosamente
a sus desvanes, a sus cementerios,
luego
se retiraron uno a uno
enfurecidos hasta la locura
porque no fui bastante
popular para ellos

o impregnados de dulce menosprecio
por mi ordinaria falta de tinieblas,
se retiraron
todos
y entonces,
otra vez,
junto a mi poesía
volvieron a vivir
mujeres y hombres,
de nuevo
hicieron fuego,
construyeron casas,
comieron pan,
se repartieron la luz
y en el amor unieron
relámpago y anillo.
Y ahora,
perdonadme, señores,
que interrumpa este cuento
que les estoy contando
y me vaya a vivir
para siempre
con la gente sencilla.

ODA A LA ENVIDIA

Yo vine
del Sur, de la Frontera.
La vida era lluviosa.
Cuando llegué a Santiago
me costó mucho
cambiar de traje.
Yo venía vestido
de riguroso invierno.

Flores de la intemperie
me cubrían.
Me desangré mudándome
de casa.
Todo estaba repleto,
hasta el aire tenía
olor a gente triste.
En las pensiones
se caía el papel
de las paredes.
Escribí, escribí solo
para no morirme.
Y entonces
apenas
mis versos de muchacho
desterrado
ardieron
en la calle
me ladró Teodorico
y me mordió Ruibarbo.
Yo me hundí
en el abismo
de las casas más pobres,
debajo de la cama,
en la cocina,
adentro del armario,
donde nadie pudiera examinarme,
escribí, escribí solo
para no morirme.

Todo fue igual. Se irguieron
amenazantes
contra mi poesía,
con ganchos, con cuchillos,
con alicates negros.

Crucé entonces
los mares
en el horror del clima
que susurraba fiebre con los ríos,
rodeado de violentos
azafranes y dioses,
me perdí en el tumulto
de los tambores negros,
en las emanaciones
del crepúsculo,
me sepulté y entonces
escribí, escribí solo
para no morirme.

Yo vivía tan lejos, era grave
mi total abandono,
pero aquí los caimanes
afilaban
sus dentelladas verdes.

Regresé de mis viajes.
Besé a todos,
las mujeres, los hombres
y los niños.
Tuve partido, patria.
Tuve estrella.
Se colgó de mi brazo
la alegría.
Entonces en la noche,
en el invierno,
en los trenes, en medio
del combate,
junto al mar o las minas,
en el desierto o junto
a la que amaba

o acosado, buscándome
la policía,
hice sencillos versos
para todos los hombres
y para no morirme.

Y ahora
otra vez ahí están.
Son insistentes
como los gusanos,
son invisibles
como los ratones
de un navío,
van navegando
donde yo navego,
me descuido y me muerden
los zapatos,
existen porque existo.
Qué puedo hacer?
Yo creo
que seguiré cantando
hasta morirme.
No puedo en este punto
hacerles concesiones.
Puedo, si lo desean,
regalarles
una paquetería,
comprarles un paraguas
para que se protejan
de la lluvia inclemente
que conmigo llegó de la Frontera,
puedo enseñarles a andar a caballo,
o darles por lo menos
la cola de mi perro,
pero quiero que entiendan

que no puedo
amarrarme la boca
para que ellos
sustituyan mi canto,
No es posible.
No puedo.
Con amor o tristeza,
de madrugada fría,
a las tres de la tarde,
o en la noche,
a toda hora,
furioso, enamorado,
en tren, en primavera,
a oscuras o saliendo
de una boda,
atravesando el bosque
o la oficina,
a las tres de la tarde
o en la noche,
a toda hora,
escribiré no solo
para no morirme,
sino para ayudar
a que otros vivan,
porque parece que alguien
necesita mi canto.
Seré,
seré implacable.
Yo les pido
que sostengan sin tregua el estandarte
de la envidia.
Me acostumbré a sus dientes.
Me hacen falta.
Pero quiero decirles
que es verdad:

me moriré algún día
(no dejaré de darles
esa satisfacción postrera),
no hay duda,
pero
me moriré cantando.
Y estoy casi seguro,
aunque no les agrade esta noticia,
que seguirá
mi canto
más acá de la muerte,
en medio
de mi patria,
será mi voz, la voz
del fuego o de la lluvia
o la voz de otros hombres,
porque con lluvia o fuego quedó escrito
que la simple
poesía
vive
a pesar de todo,
tiene una eternidad que no se asusta,
tiene tanta salud
como una ordeñadora
y en su sonrisa tanta dentadura
como para arruinar las esperanzas
de todos los reunidos
roedores.

ODA A LA FLOR AZUL

Caminando hacia el mar
en la pradera
—es hoy noviembre—,

todo ha nacido ya,
todo tiene estatura,
ondulación, fragancia.
Hierba a hierba
entenderé la tierra,
paso a paso
hasta la línea loca
del océano.
De pronto una ola
de aire agita y ondula
la cebada salvaje:
salta
el vuelo de un pájaro
desde mis pies, el suelo
lleno de hilos de oro,
de pétalos sin nombre,
brilla de pronto como rosa verde,
se enreda con ortigas que revelan
su coral enemigo,
esbeltos tallos, zarzas
estrelladas,
diferencia infinita
de cada vegetal que me saluda
a veces con un rápido
centelleo de espinas
o con la pulsación de su perfume
fresco, fino y amargo.
Andando a las espumas
del Pacífico
con torpe paso por la baja hierba
de la primavera escondida,
parece
que antes de que la tierra se termine
cien metros antes del más grande océano
todo se hizo delirio,

germinación y canto.
Las minúsculas hierbas
se coronaron de oro,
las plantas de la arena
dieron rayos morados
y a cada pequeña hoja de olvido
llegó una dirección de luna o fuego.
Cerca del mar, andando,
en el mes de noviembre,
entre los matorrales que reciben
luz, fuego y sal marinas
hallé una flor azul
nacida en la durísima pradera.
De dónde, de qué fondo
tu rayo azul extraes?
Tu seda temblorosa
debajo de la tierra
se comunica con el mar profundo?
La levanté en mis manos
y la miré como si el mar viviera
en una sola gota,
como si en el combate
de la tierra y las aguas
una flor levantara
un pequeño estandarte
de fuego azul, de paz irresistible,
de indómita pureza.

NUEVAS ODAS ELEMENTALES

ODA A SU AROMA

Suave mía, a qué hueles,
a qué fruto,
a qué estrella, a qué hoja?

Cerca
de tu pequeña oreja
o en tu frente
me inclino,
clavo
la nariz entre el pelo
y la sonrisa
buscando, conociendo
la raza de tu aroma:
es suave, pero
no es flor, no es cuchillada
de clavel penetrante
o arrebatado aroma
de violentos
jazmines,
es algo, es tierra,
es
aire,
maderas o manzanas,

olor
de la luz en la piel,
aroma
de la hoja
del árbol
de la vida
con polvo
de camino
y frescura
de matutina sombra
en las raíces,
olor de piedra y río,
pero
más cerca
de un durazno,
de la tibia
palpitación secreta
de la sangre,
olor
a casa pura
y a cascada,
fragancia
de paloma
y cabellera,
aroma
de mi mano
que recorrió la luna
de tu cuerpo,
las estrellas
de tu piel estrellada,
el oro,
el trigo,
el pan de tu contacto,
y allí
en la longitud

de tu luz loca,
en tu circunferencia de vasija,
en la copa,
en los ojos de tus senos,
entre tus anchos párpados
y tu boca de espuma,
en todo
dejó,
dejó mi mano
olor de tinta y selva,
sangre y frutos perdidos,
fragancia
de olvidados planetas,
de puros
papeles vegetales,
allí
mi propio cuerpo
sumergido
en la frescura de tu amor, amada,
como en un manantial
o en el sonido
de un campanario
arriba
entre el olor del cielo
y el vuelo
de las últimas aves,
amor,
olor,
palabra
de tu piel, del idioma
de la noche en tu noche,
del día en tu mirada.

Desde tu corazón
sube

tu aroma
como desde la tierra
la luz hasta la cima del cerezo:
en tu piel yo detengo
tu latido
y huelo
la ola de luz que sube,
la fruta sumergida
en su fragancia,
la noche que respiras,
la sangre que recorre
tu hermosura
hasta llegar al beso
que me espera
en tu boca.

ODA A LOS CALCETINES

Me trajo Maru Mori
un par
de calcetines
que tejió con sus manos
de pastora,
dos calcetines suaves
como liebres.
En ellos
metí los pies
como en
dos
estuches
tejidos
con hebras del
crepúsculo
y pellejo de ovejas.

Violentos calcetines,
mis pies fueron
dos pescados
de lana,
dos largos tiburones
de azul ultramarino
atravesados
por una trenza de oro,
dos gigantescos mirlos,
dos cañones:
mis pies
fueron honrados
de este modo
por
estos
celestiales
calcetines.
Eran
tan hermosos
que por primera vez
mis pies me parecieron
inaceptables
como dos decrépitos
bomberos, bomberos
indignos
de aquel fuego
bordado,
de aquellos luminosos
calcetines.

Sin embargo
resistí
la tentación aguda
de guardarlos
como los colegiales

preservan
las luciérnagas,
como los eruditos
coleccionan
documentos sagrados,
resistí
el impulso furioso
de ponerlos
en una jaula
de oro
y darles cada día
alpiste
y pulpa de melón rosado.
Como descubridores
que en la selva
entregan el rarísimo
venado verde
al asador
y se lo comen
con remordimiento,
estiré
los pies
y me enfundé
los
bellos
calcetines
y
luego los zapatos.

Así pasó y esta es
la moraleja de mi oda:
dos veces es belleza
la belleza
y lo que es bueno es doblemente
bueno

cuando se trata de dos calcetines
de lana
en el invierno.

ODA A LA CRÍTICA (II)

Toqué mi libro:
era
compacto,
firme,
arqueado
como una nave blanca,
entreabierto
como una nueva rosa,
era
para mis ojos
un molino,
de cada hoja
la flor del pan crecía
sobre mi libro:
me cegué con mis rayos,
me sentí demasiado
satisfecho,
perdí tierra,
comencé a caminar
envuelto en nubes
y entonces,
camarada,
me bajaste
a la vida,
una sola palabra
me mostró de repente
cuanto dejé de hacer
y cuanto pude

avanzar con mi fuerza y mi ternura,
navegar con la nave de mi canto.

Volví más verdadero,
enriquecido,
tomé cuanto tenía
y cuanto tienes,
cuanto anduviste tú
sobre la tierra,
cuanto vieron
tus ojos,
cuanto
luchó tu corazón día tras día
se dispuso a mi lado,
numeroso,
y levanté la harina
de mi canto,
la flor del pan acrecentó su aroma.

Gracias te digo,
crítica,
motor claro del mundo,
ciencia pura,
signo
de la velocidad, aceite
de la eterna rueda humana,
espada de oro,
piedra
de la estructura.
Crítica, tú no traes
la espesa gota
sucia
de la envidia,
la personal guadaña
o el ambiguo, encrespado

gusanillo
del café rencoroso,
no eres tampoco el juego
del viejo tragasables y su tribu,
ni la pérfida
cola
de la feudal serpiente
siempre enroscada en su exquisita rama.
Crítica, eres
mano
constructora,
burbuja del nivel, línea de acero,
palpitación de clase.

Con una sola vida
no aprenderé bastante.

Con la luz de otras vidas
vivirán otras vidas en mi canto.

ODA AL DÍA INCONSECUENTE

Plateado pez
de cola
anaranjada,
día del mar,
cambiaste
en cada hora
de vestido,
la arena
fue celeste,
azul
fue tu corbata,
en una nube

tus pies
eran espuma
y luego
total
fue el vuelo verde
de la lluvia
en los pinos:
una racha de acero
barrió
las esperanzas
del Oeste,
la última o la primera
golondrina
brilló blanca y azul
como un revólver,
como un reloj nocturno
el cielo solo
conservó un minutero
de platino,
turgente y negro el mar
cubrió su corazón
con terciopelo
mostrando de repente
la nevada sortija
o la encrespada
rosa de su radiante desvarío.

Todo esto
lo miré
inquietamente fijo
en mi ventana
cambiando de zapatos
para ir por la arena
llena de oro
o hundirme en la humedad, entre las hojas

del eucalipto rojo,
corvas como puñales de Corinto,
y no pude
saber
si el Arco Iris,
que como una bandera mexicana
creció hacia Cartagena,
era anuncio
de dulce luz
o torre de tinieblas.
Un fragmento
de nube
como resto volante
de camisa
giraba
en el último umbral
del pánico celeste.

El día
tembló de lado a lado,
un relámpago
corrió como un lagarto
entre las vestiduras
de la selva
y de golpe cayó todo el rocío
perdiéndose en el polvo
la diadema salvaje.
Entre las nubes y la tierra
de pronto
el sol
depositó su huevo duro,
blanco, liso, obstinado,
y un gallo verde
y alto
como un pino

cantó, cantó
como si desgranara
todo el maíz del mundo:
un río,
un río rubio
entró por las ventanas
más oscuras
y no la noche, no la tempestuosa
claridad indecisa
se estableció en la tierra,
sino sencillamente
un día más,
un día.

ODA A UNA LAVANDERA NOCTURNA

Desde el jardín, en lo alto,
miré la lavandera.
Era de noche.
Lavaba, refregaba,
sacudía,
un segundo sus manos
brillaban en la espuma,
luego
caían en la sombra.
Desde arriba
a la luz de la vela
era en la noche la única
viviente,
lo único que vivía:
aquello
sacudiéndose
en la espuma,
los brazos en la ropa,

el movimiento,
la incansable energía:
va y viene
el movimiento,
cayendo y levantándose
con precisión celeste,
van y vienen
las manos sumergidas,
las manos, viejas manos
que lavan en la noche,
hasta tarde, en la noche,
que lavan
ropa ajena,
que sacan en el agua
la huella
del trabajo,
la mancha
de los cuerpos,
el recuerdo impregnado
de los pies que anduvieron
las camisas,
cansadas,
los calzones
marchitos,
lava
y lava,
de noche.

La nocturna
lavandera
a veces
levantaba
la cabeza
y ardían en su pelo
las estrellas

porque
la sombra
confundía
su cabeza
y era la noche, el cielo
de la noche
la cabellera
de la lavandera,
y su vela
un astro
diminuto
que encendía
sus manos
que alzaban
y movían
la ropa,
subiendo
y
descendiendo,
enarbolando
el aire, el agua,
el jabón vivo,
la magnética espuma.

Yo no oía,
no oía
el susurro
de la ropa en sus manos.
Mis ojos
en la noche
la miraban
sola
como un planeta.
Ardía
la nocturna

lavandera,
lavando,
restregando
la ropa,
trabajando
en el frío,
en la dureza,
lavando en el silencio nocturno del invierno,
lava y lava,
la pobre
lavandera.

ODA AL OLOR DE LA LEÑA

Tarde, con las estrellas
abiertas en el frío
abrí la puerta.
El mar

galopaba
en la noche.

Como una mano
de la casa oscura
salió el aroma
intenso
de la leña guardada.

Visible era el aroma
como
si el árbol
estuviera vivo.
Como si todavía palpitara.

Visible
como una vestidura.

Visible
como una rama rota.

Anduve
adentro
de la casa
rodeado
por aquella balsámica
oscuridad.
Afuera
las puntas
del cielo cintilaban
como piedras magnéticas
y el olor de la leña
me tocaba
el corazón
como unos dedos,
como un jazmín,
como algunos recuerdos.

No era el olor agudo
de los pinos,
no,
no era
la ruptura en la piel
del eucaliptus,
no eran
tampoco
los perfumes verdes
de la viña,
sino
algo más secreto,

porque aquella fragancia
una sola,
una sola
vez existía,
y allí, de todo lo que vi en el mundo,
en mi propia
casa, de noche, junto al mar de invierno,
allí estaba esperándome
el olor
de la rosa más profunda,
el corazón cortado de la tierra,
algo
que me invadió como una ola
desprendida
del tiempo
y se perdió en mí mismo
cuando yo abrí la puerta
de la noche.

TERCER LIBRO DE LAS ODAS

ODA A LA BICICLETA

Iba
por el camino
crepitante:
el sol se desgranaba
como maíz ardiendo
y era
la tierra
calurosa
un infinito círculo
con cielo arriba
azul, deshabitado.

Pasaron
junto a mí
las bicicletas,
los únicos
insectos
de aquel
minuto
seco del verano,
sigilosas,
veloces,
transparentes:

me parecieron
solo
movimientos del aire.

Obreros y muchachas
a las fábricas
iban
entregando
los ojos
al verano,
las cabezas al cielo,
sentados
en los
élitros
de las vertiginosas
bicicletas
que silbaban
cruzando
puentes, rosales, zarza
y mediodía.

Pensé en la tarde cuando
los muchachos
se laven,
canten, coman, levanten
una copa
de vino
en honor
del amor
y de la vida,
y a la puerta
esperando
la bicicleta
inmóvil
porque

solo
de movimiento fue su alma
y allí caída
no es
insecto transparente
que recorre
el verano,
sino
esqueleto
frío
que solo
recupera
un cuerpo errante
con la urgencia
y la luz,
es decir,
con
la
resurrección
de cada día.

ODA A UN CINE DE PUEBLO

Amor mío,
vamos
al cine del pueblito.

La noche transparente
gira
como un molino
mudo, elaborando
estrellas.
Tú y yo entramos
al cine

del pueblo, lleno de niños
y aroma de manzanas.
Son las antiguas cintas,
los
sueños ya gastados.
La pantalla ya tiene
color de piedra o lluvias.
La bella prisionera
del villano
tiene ojos de laguna
y voz de cisne,
corren
los más vertiginosos
caballos
de la tierra.

Los vaqueros
perforan
con sus tiros
la peligrosa luna
de Arizona.
Con el alma
en un hilo
atravesamos
estos
ciclones
de violencia,
la formidable
lucha
de los espadachines en la torre,
certeros como avispas,
la avalancha emplumada
de los indios
abriendo su abanico en la pradera.

Muchos
de los muchachos
del pueblo
se han dormido
fatigados del día en la farmacia,
cansados de fregar en las cocinas.

Nosotros
no, amor mío.
No vamos a perdernos
este sueño
tampoco:
mientras
estemos
vivos
haremos nuestra
toda
la vida verdadera,
pero también
los sueños:
todos
los sueños
soñaremos.

ODA A LA EDAD

Yo no creo en la edad.

Todos los viejos
llevan
en los ojos
un niño,
y los niños
a veces

nos observan
como ancianos profundos.

Mediremos
la vida
por metros o kilómetros
o meses?
Tanto desde que naces?
Cuánto
debes andar
hasta que
como todos
en vez de caminarla por encima
descansemos, debajo de la tierra?

Al hombre, a la mujer
que consumaron
acciones, bondad, fuerza,
cólera, amor, ternura,
a los que verdaderamente
vivos
florecieron
y en su naturaleza maduraron
no acerquemos nosotros
la medida
del tiempo
que tal vez
es otra cosa, un manto
mineral, un ave
planetaria, una flor,
otra cosa tal vez,
pero no una medida.

Tiempo, metal
o pájaro, flor

de largo pecíolo,
extiéndete
a lo largo
de los hombres,
florécelos
y lávalos
con
agua
abierta
o con sol escondido.
Te proclamo
camino
y no mortaja,
escala
pura
con peldaños
de aire,
traje sinceramente
renovado
por longitudinales
primaveras.

Ahora,
tiempo, te enrollo,
te deposito en mi
caja silvestre
y me voy a pescar
con tu hilo largo
los peces de la aurora!

ODA AL LIMÓN

De aquellos azahares
desatados

por la luz de la luna,
de aquel
olor de amor
exasperado,
hundido en la fragancia,
salió
del limonero el amarillo,
desde su planetario
bajaron a la tierra los limones.

Tierna mercadería!
Se llenaron las costas,
los mercados,
de luz, de oro
silvestre,
y abrimos
dos mitades
de milagro,
ácido congelado
que corría
desde los hemisferios
de una estrella,
y el licor más profundo
de la naturaleza,
intransferible, vivo,
irreductible,
nació de la frescura
del limón,
de su casa fragante,
de su ácida, secreta simetría.

En el limón cortaron
los cuchillos
una pequeña
catedral,

el ábside escondido
abrió a la luz los ácidos vitrales
y en gotas
resbalaron los topacios,
los altares,
la fresca arquitectura.

Así, cuando tu mano
empuña el hemisferio
del cortado
limón sobre tu plato,
un universo de oro
derramaste,
una
copa amarilla
con milagros,
uno de los pezones olorosos
del pecho de la tierra,
el rayo de la luz que se hizo fruta,
el fuego diminuto de un planeta.

ODA A LA LUZ ENCANTADA

La luz bajo los árboles,
la luz del alto cielo.
La luz
verde
enramada
que fulgura
en la hoja
y cae como fresca
arena blanca.

Una cigarra eleva

su son de aserradero
sobre la transparencia.

Es una copa llena
de agua
el mundo.

ODA A LA MIGRACIÓN DE LOS PÁJAROS

Por la línea
del mar
hacia el Gran Norte
un
río
derramado
sobre el cielo:
son los pájaros
del Sur, del ventisquero,
que vienen de las islas,
de la nieve:
los halcones antárticos,
los cormoranes vestidos
de luto,
los australes petreles del exilio.
Y hacia
las rocas amarillas
del Perú, hacia las
aguas encendidas
de Baja California
el incesante río
de los pájaros
vuela.

Aparece

uno,
es
un
punto
perdido
en el espacio abierto de la niebla:
detrás son las cohortes
silenciosas, la masa
del plumaje,
el tembloroso triángulo
que corre sobre
el océano frío,
el cauce
sagrado
que palpita,
la flecha
de la nave
migratoria.

Cadáveres de pájaros marinos
cayeron
en la arena,
pequeños
bultos
negros
encerrados
por las alas bruñidas
como ataúdes
hechos
en el cielo.
Y junto
a las
falanges
crispadas sobre
la inútil

arena,
el mar,
el mar que continúa
el trueno blanco y verde de las olas,
la eternidad borrascosa del cielo.

Pasan
las aves, como
el amor,
buscando fuego,
volando desde
el desamparo
hacia la luz y las germinaciones,
unidas en el vuelo
de la vida,
y sobre
la línea y las espumas de la costa
los pájaros que cambian de planeta
llenan
el mar
con su silencio de alas.

ODA AL NACIMIENTO DE UN CIERVO

Se recostó la cierva
detrás
de la alambrada.
Sus ojos eran
dos oscuras almendras.
El gran ciervo velaba
y a mediodía
su corona de cuernos
brillaba
como

un altar encendido.

Sangre y agua,
una bolsa turgente,
palpitante,
y en ella
un nuevo ciervo
inerme, informe.

Allí quedó en sus turbias
envolturas
sobre el pasto manchado.
La cierva lo lamía
con su lengua de plata.
No podía moverse,
pero
de aquel confuso,
vaporoso envoltorio,
sucio, mojado, inerte,
fue asomando
la forma,
el hociquillo agudo
de la real
estirpe,
los ojos más ovales
de la tierra,
las finas
piernas,
flechas
naturales del bosque.
Lo lamía la cierva
sin cesar, lo limpiaba
de oscuridad, y limpio
lo entregaba a la vida.

Así se levantó,
frágil, pero perfecto,
y comenzó a moverse,
a dirigirse, a ser,
a descubrir las aguas en el monte.
Miró el mundo radiante.

El cielo sobre
su pequeña cabeza
era como una uva
transparente,
y se pegó a las ubres de la cierva
estremeciéndose como si recibiera
sacudidas de luz del firmamento.

ESTRAVAGARIO

PIDO SILENCIO

Ahora me dejen tranquilo.
Ahora se acostumbren sin mí.

Yo voy a cerrar los ojos.

Y solo quiero cinco cosas,
cinco raíces preferidas.

Una es el amor sin fin.

Lo segundo es ver el otoño.
No puedo ser sin que las hojas
vuelen y vuelvan a la tierra.

Lo tercero es el grave invierno,
la lluvia que amé, la caricia
del fuego en el frío silvestre.

En cuarto lugar el verano
redondo como una sandía.

La quinta cosa son tus ojos,
Matilde mía, bienamada,

no quiero dormir sin tus ojos,
no quiero ser sin que me mires:
yo cambio la primavera
por qué tú me sigas mirando.

Amigos, eso es cuanto quiero.
Es casi nada y casi todo.

Ahora si quieren se vayan.

He vivido tanto que un día
tendrán que olvidarme por fuerza,
borrándome de la pizarra:
mi corazón fue interminable.

Pero porque pido silencio
no crean que voy a morirme:
me pasa todo lo contrario:
sucede que voy a vivirme.

Sucede que soy y que sigo.

No será pues sino que adentro
de mí crecerán cereales,
primero los granos que rompen
la tierra para ver la luz,
pero la madre tierra es oscura:
y dentro de mí soy oscuro:
soy como un pozo en cuyas aguas
la noche deja sus estrellas
y sigue sola por el campo.

Se trata de que tanto he vivido
que quiero vivir otro tanto.

Nunca me sentí tan sonoro,
nunca he tenido tantos besos.

Ahora, como siempre, es temprano.
Vuela la luz con sus abejas.

Déjenme solo con el día.
Pido permiso para nacer.

REPERTORIO

Yo te buscaré a quién amar
antes de que no seas niño:
después te toca abrir tu caja
y comerte tus sufrimientos.

Yo tengo reinas encerradas,
como abejas, en mi dominio,
y tú verás una por una
cómo ellas se peinan la miel
para vestirse de manzanas,
para trepar a los cerezos,
para palpitar en el humo.

Te guardo estas novias salvajes
que tejerán la primavera
y que no conocen el llanto.

En el reloj del campanario
escóndete mientras desfilan
las encendidas de amaranto,
las últimas niñas de nieve,
las perdidas, las victoriosas,
las coronadas de amarillo,

las infinitamente oscuras,
y unas, pausadamente tiernas,
harán su baile transparente
mientras otras pasan ardiendo,
fugaces como meteoros.

Dime cuál quieres aún ahora,
más tarde ya sería tarde.

Hoy crees todo lo que cuento.

Mañana negarás la luz.

Yo soy el que fabrica sueños
y en mi casa de pluma y piedra
con un cuchillo y un reloj
corto las nubes y las olas,
con todos estos elementos
ordeno mi caligrafía
y hago crecer seres sin rumbo
que aún no podían nacer.

Lo que yo quiero es que te quieran,
y que no conozcas la muerte.

VAMOS SALIENDO

El hombre dijo sí sin que supiera
determinar de lo que se trataba,
y fue llevado, y fue sobrellevado,
y nunca más salió de su envoltorio,
y es así: nos vamos cayendo
dentro del pozo de los otros seres
y un hilo viene y nos envuelve el cuello

y otro nos busca el pie y ya no se puede,
ya no se puede andar sino en el pozo:
nadie nos saca de los otros hombres.

Parece que no sabemos hablar,
parece que hay palabras que huyen,
que no están, que se fueron y nos dejaron
a nosotros con trampas y con hilos.

Y de pronto ya está, ya no sabemos
de qué se trata pero estamos dentro
y ya no volveremos a mirar
como cuando jugábamos de niños,
ya se nos terminaron estos ojos,
ya nuestras manos salen de otros brazos.

Por eso cuando duermes sueñas solo
y corres libre por las galerías
de un solo sueño que te pertenece,
y ay que no vengan a robarnos sueños,
ay que no nos enreden en la cama.
Guardémonos la sombra
a ver si desde nuestra oscuridad
salimos y tanteamos las paredes,
acechamos la luz para cazarla
y de una vez por todas
nos pertenece el sol de cada día.

AQUELLOS DÍAS

Las brumas del Norte y del Sur
me dejaron un poco Oeste
y así pasaron aquellos días.
Navegaban todas las cosas.

Me fui sin duda a titular
de caballero caminante,
me puse todos los sombreros,
conocí muchachas veloces,
comí arena, comí sardinas,
y me casé de cuando en cuando.

Pero sin querer presumir
de emperador o marinero
debo confesar que recuerdo
los más amables huracanes,
y que me muero de codicia
al recordar lo que no tengo:
lo rico que fui y que no fui,
el hambre que me mantenía,
y aquellos zapatos intrusos
que no golpeaban a la puerta.

Lo grande de las alegrías
es el doble fondo que tienen.
Y no se vive solo de hoy:
el presente es una valija
con un reloj de contrabando,
nuestro corazón es futuro
y nuestro placer es antiguo.

Así pues fui de rumbo en rumbo
con calor, con frío y con prisa
y todo lo que no vi
lo estoy recordando hasta ahora,
todas las sombras que nadé,
todo el mar que me recibía:
me anduve pegando en las piedras,
me acostaba con las espinas,

y tuve el honor natural
de los que no son honorables.

No sé por qué cuento estas cosas,
estas tierras, estos minutos,
este humo de aquellas hogueras.
A nadie le importa temblar
con los terremotos ajenos
y en el fondo a nadie le gusta
la juventud de los vecinos.
Por eso no pido perdón.
Estoy en mi sitio de siempre.
Tengo un árbol con tantas hojas
que aunque no me jacto de eterno
me río de ti y del otoño.

AL PIE DESDE SU NIÑO

El pie del niño aún no sabe que es pie,
y quiere ser mariposa o manzana.

Pero luego los vidrios y las piedras,
las calles, las escaleras,
y los caminos de la tierra dura
van enseñando al pie que no puede volar,
que no puede ser fruto redondo en una rama.
El pie del niño entonces
fue derrotado, cayó
en la batalla,
fue prisionero,
condenado a vivir en un zapato.

Poco a poco sin luz
fue conociendo el mundo a su manera,

sin conocer el otro pie, encerrado,
explorando la vida como un ciego.

Aquellas suaves uñas
de cuarzo, de racimo,
se endurecieron, se mudaron
en opaca substancia, en cuerno duro,
y los pequeños pétalos del niño
se aplastaron, se desequilibraron,
tomaron formas de reptil sin ojos,
cabezas triangulares de gusano.
Y luego encallecieron,
se cubrieron
con mínimos volcanes de la muerte,
inaceptables endurecimientos.

Pero este ciego anduvo
sin tregua, sin parar
hora tras hora,
el pie y el otro pie,
ahora de hombre
o de mujer,
arriba,
abajo,
por los campos, las minas,
los almacenes y los ministerios,
atrás,
afuera, adentro,
adelante,
este pie trabajó con su zapato,
apenas tuvo tiempo
de estar desnudo en el amor o el sueño,
caminó, caminaron
hasta que el hombre entero se detuvo.

Y entonces a la tierra
bajó y no supo nada,
porque allí todo y todo estaba oscuro,
no supo que había dejado de ser pie,
si lo enterraban para que volara
o para que pudiera
ser manzana.

GALOPANDO EN EL SUR

A caballo cuarenta leguas:
las cordilleras de Malleco,
el campo está recién lavado,
el aire es eléctrico y verde.
Regiones de rocas y trigo,
un ave súbita se quiebra,
el agua resbala y escribe
cifras perdidas en la tierra.

Llueve, llueve con lenta lluvia,
llueve con agujas eternas
y el caballo que galopaba
se fue disolviendo en la lluvia:
luego se reconstruyó
con las gotas sepultureras
y voy galopando en el viento
sobre el caballo de la lluvia.

Sobre el caballo de la lluvia
voy dejando atrás las regiones,
la gran soledad mojada,
las cordilleras de Malleco.

ADIÓS A PARÍS

Qué hermoso el Sena, río abundante
con sus árboles cenicientos,
con sus torres y sus agujas.

Y yo qué vengo a hacer aquí?

Todo es más bello que una rosa,
una rosa descabellada,
una rosa desfalleciente.
Es crepuscular esta tierra,
el atardecer y la aurora
son las dos naves del río,
y pasan y se entrecruzan
sin saludarse, indiferentes,
porque hace mil veces mil años
se conocieron y se amaron.

Hace ya demasiado tiempo.

Se arrugó la piedra y crecieron
las catedrales amarillas,
las usinas extravagantes,
y ahora el otoño devora cielo,
se nutre de nubes y de humo,
se establece como un rey negro
en un litoral vaporoso.

No hay tarde más dulce en el mundo
Todo se recogió a tiempo,
el color brusco, el vago grito,
se quedó solo la neblina
y la luz envuelta en los árboles
se puso su vestido verde.

Tengo tanto que hacer en Chile,
me esperan Salinas y Laura,
a todos debo algo en mi patria,
y a esta hora está la mesa puesta
esperándome en cada casa,
otros me aguardan para herirme,
y además son aquellos árboles
de follaje ferruginoso
los que conocen mis desdichas,
mi felicidad, mis dolores,
aquellas alas son las mías,
esa es el agua que yo quiero,
el mar pesado como piedra,
más alto que estos edificios,
duro y azul como una estrella.

Y yo qué vengo a hacer aquí?

Cómo llegué por estos lados?

Tengo que estar donde me llaman
para bautizar los cimientos,
para mezclar arena y hombre,
tocar las palas y la tierra
porque tenemos que hacerlo todo
allí en la tierra en que nacimos,
tenemos que fundar la patria,
el canto, el pan y la alegría,
tenemos que limpiar el honor
como las uñas de una reina
y así flotarán en el viento
las banderas purificadas
sobre las torres cristalinas.

Adiós otoño de París,
navío azul, mar amoroso,
adiós ríos, puentes, adiós
pan crepitante y fragante,
profundo y suave vino, adiós
y adiós amigos que me amaron,
me voy cantando por los mares
y vuelvo a respirar raíces.
Mi dirección es vaga, vivo
en alta mar y en alta tierra:
mi ciudad es la geografía:
la calle se llama «Me Voy»,
el número «Para No Volver».

SUEÑO DE TRENES

Estaban soñando los trenes
en la estación, indefensos,
sin locomotoras, dormidos.

Entré titubeando en la aurora:
anduve buscando secretos,
cosas perdidas en los vagones,
en el olor muerto del viaje.
Entre los cuerpos que partieron
me senté solo en el tren inmóvil.

Era compacto el aire, un bloque
de conversaciones caídas
y fugitivos desalientos.
Almas perdidas en los trenes
como llaves sin cerraduras
caídas bajo los asientos.

Pasajeras del Sur cargadas
de ramilletes y gallinas,
tal vez fueron asesinadas,
tal vez volvieron y lloraron,
tal vez gastaron los vagones
con el fuego de sus claveles:
tal vez yo viajo, estoy con ellas,
tal vez el vapor de los viajes,
los rieles mojados, tal vez
todo vive en el tren inmóvil
y yo un pasajero dormido
desdichadamente despierto.

Yo estuve sentado y el tren
andaba dentro de mi cuerpo,
aniquilando mis fronteras,
de pronto era el tren de la infancia,
el humo de la madrugada,
el verano alegre y amargo.

Eran otros trenes que huían,
carros repletos de dolores,
cargados como con asfalto,
y así corría el tren inmóvil
en la mañana que crecía
dolorosa sobre mis huesos.

Yo estaba solo en el tren solo,
pero no solo estaba solo,
sino que muchas soledades
allí se habrán agregado
esperando para viajar
como pobres en los andenes.
Y yo en el tren como humo muerto
con tantos inasibles seres,

por tantas muertes agobiado
me sentí perdido en un viaje
en el que nada se movía,
sino mi corazón cansado.

DESCONOCIDOS EN LA ORILLA

He vuelto y todavía el mar
me dirige extrañas espumas,
no se acostumbra con mis ojos,
la arena no me reconoce.

No tiene sentido volver
sin anunciarse, al océano:
él no sabe que uno volvió
ni sabe que uno estuvo ausente
y está tan ocupada el agua
con tantos asuntos azules
que uno ha llegado y no se sabe:
las olas mantienen su canto
y aunque el mar tiene muchas manos,
muchas bocas y muchos besos
no te ha dado nadie la mano,
no te besa ninguna boca
y hay que darse cuenta de pronto
de la poca cosa que somos:
ya nos creíamos amigos,
volvemos abriendo los brazos
y aquí está el mar, sigue su baile
sin preocuparse de nosotros.

Tendré que esperar la neblina,
la sal aérea, el sol disperso,
que el mar respire y me respire,

porque no solo es agua el agua
sino invasiones vaporosas,
y en el aire siguen las olas
como caballos invisibles.

Por eso tengo que aprender
a nadar dentro de mis sueños,
no vaya a venir el mar
a verme cuando esté dormido!
Si así sucede estará bien
y cuando despierte mañana,
las piedras mojadas, la arena
y el gran movimiento sonoro
sabrán quién soy y por qué vuelvo,
me aceptarán en su instituto.

Y yo seré otra vez feliz
en la soledad de la arena,
desarrollado por el viento
y estimado por la marina.

NO ME HAGAN CASO

Entre las cosas que echa el mar
busquemos las más calcinadas,
patas violetas de cangrejos,
cabecitas de pez difunto,
sílabas suaves de madera,
pequeños países de nácar,
busquemos lo que el mar deshizo
con insistencia y sin lograrlo,
lo que rompió y abandonó
y lo dejó para nosotros.

Hay pétalos ensortijados,
algodones de la tormenta,
inútiles joyas del agua,
y dulces huesos de pájaro
en aún actitud de vuelo.

El mar arrojó su abandono,
el aire jugó con las cosas,
el sol abrazó cuanto había,
y el tiempo vive junto al mar
y cuenta y toca lo que existe.

Yo conozco todas las algas,
los ojos blancos de la arena,
las pequeñas mercaderías
de las mareas en otoño
y ando como grueso pelícano
levantando nidos mojados,
esponjas que adoran el viento,
labios de sombra submarina,
pero nada más desgarrador
que el síntoma de los naufragios:
el suave madero perdido
que fue mordido por las olas
y desdeñado por la muerte.

Hay que buscar cosas oscuras
en alguna parte en la tierra,
a la orilla azul del silencio
o donde pasó como un tren
la tempestad arrolladora:
allí quedan signos delgados,
monedas del tiempo y del agua,
detritus, ceniza celeste
y la embriaguez intransferible

de tomar parte en los trabajos
de la soledad y la arena.

DEMASIADOS NOMBRES

Se enreda el lunes con el martes
y la semana con el año:
no se puede cortar el tiempo
con tus tijeras fatigadas,
y todos los nombres del día
los borra el agua de la noche.

Nadie puede llamarse Pedro,
ninguna es Rosa ni María,
todos somos polvo o arena,
todos somos lluvia en la lluvia.
Me han hablado de Venezuelas,
de Paraguayes y de Chiles,
no sé de lo que están hablando:
conozco la piel de la tierra
y sé que no tiene apellido.

Cuando viví con las raíces
me gustaron más que las flores,
y cuando hablé con una piedra
sonaba como una campana.

Es tan larga la primavera
que dura todo el invierno:
el tiempo perdió los zapatos:
un año tiene cuatro siglos.

Cuando duermo todas las noches,
cómo me llamo o no me llamo?

Y cuando me despierto quién soy
si no era yo cuando dormía?

Esto quiere decir que apenas
desembarcamos en la vida,
que venimos recién naciendo,
que no nos llenemos la boca
con tantos nombres inseguros,
con tantas etiquetas tristes,
con tantas letras rimbombantes,
con tanto tuyo y tanto mío,
con tanta firma en los papeles.

Yo pienso confundir las cosas,
unirlas y recién nacerlas,
entreverarlas, desvestirlas,
hasta que la luz del mundo
tenga la unidad del océano,
una integridad generosa,
una fragancia crepitante.

POR BOCA CERRADA ENTRAN LAS MOSCAS

Por qué con esas llamas rojas
se han dispuesto a arder los rubíes?

Por qué el corazón del topacio
tiene panales amarillos?

Por qué se divierte la rosa
cambiando el color de sus sueños?

Por qué se enfría la esmeralda
como una ahogada submarina?

Y por qué palidece el cielo
sobre las estrellas de Junio?

Dónde compra pintura fresca
la cola de la lagartija?

Dónde está el fuego subterráneo
que resucita los claveles?

De dónde saca la sal
esa mirada transparente?

Dónde durmieron los carbones
que se levantaron oscuros?

Y dónde, dónde compra el tigre
rayas de luto, rayas de oro?

Cuándo comenzó a conocer
la madreselva su perfume?

Cuándo se dio cuenta el pino
de su resultado oloroso?

Cuándo aprendieron los limones
la misma doctrina del sol?

Cuándo aprendió a volar el humo?

Cuándo conversan las raíces?

Cómo es el agua en las estrellas?
Por qué el escorpión envenena,
por qué el elefante es benigno?

En qué medita la tortuga?
Dónde se retira la sombra?
Qué canto repite la lluvia?
Dónde van a morir los pájaros?
Y por qué son verdes las hojas?

Es tan poco lo que sabemos
y tanto lo que presumimos
y tan lentamente aprendemos,
que preguntamos, y morimos.
Mejor guardemos orgullo
para la ciudad de los muertos
en el día de los difuntos
y allí cuando el viento recorra
los huecos de tu calavera
te revelará tanto enigma,
susurrándote la verdad
donde estuvieron tus orejas.

EL PEREZOSO

Continuarán viajando cosas
de metal entre las estrellas,
subirán hombres extenuados,
violentarán la suave luna
y allí fundarán sus farmacias.

En este tiempo de uva llena
el vino comienza su vida
entre el mar y las cordilleras.

En Chile bailan las cerezas,
cantan las muchachas oscuras
y en las guitarras brilla el agua.

El sol toca todas las puertas
y hace milagros con el trigo.

El primer vino es rosado,
es dulce como un niño tierno,
el segundo vino es robusto
como la voz de un marinero
y el tercer vino es un topacio,
una amapola y un incendio.

Mi casa tiene mar y tierra,
mi mujer tiene grandes ojos
color de avellana silvestre,
cuando viene la noche el mar
se viste de blanco y de verde
y luego la luna en la espuma
sueña como novia marina.

No quiero cambiar de planeta.

BESTIARIO

Si yo pudiera hablar con pájaros,
con ostras y con lagartijas,
con los zorros de Selva Oscura,
con los ejemplares pingüinos,
si me entendieran las ovejas,
los lánguidos perros lanudos,
los caballos de carretela,
si discutiera con los gatos,
si me escucharan las gallinas!

Nunca se me ha ocurrido hablar
con animales elegantes:

no tengo curiosidad
por la opinión de las avispas
ni de las yeguas de carrera:
que se las arreglen volando,
que ganen vestidos corriendo!
Yo quiero hablar con las moscas,
con la perra recién parida
y conversar con las serpientes.

Cuando tuve pies para andar
en noches triples, ya pasadas,
seguí a los perros nocturnos,
esos escuálidos viajeros
que trotan viajando en silencio
con gran prisa a ninguna parte
y los seguí por muchas horas,
ellos desconfiaban de mí,
ay, pobres perros insensatos,
perdieron la oportunidad
de narrar sus melancolías,
de correr con pena y con cola
por las calles de los fantasmas.

Siempre tuve curiosidad
por el erótico conejo:
quiénes lo incitan y susurran
en sus genitales orejas?
Él va sin cesar procreando
y no hace caso a San Francisco,
no oye ninguna tontería:
el conejo monta y remonta
con organismo inagotable.
Yo quiero hablar con el conejo,
amo sus costumbres traviesas.

Las arañas están gastadas
por páginas bobaliconas
de simplistas exasperantes
que las ven con ojos de mosca,
que la describen devoradora,
carnal, infiel, sexual, lasciva.
Para mí esta reputación
retrata a los reputadores:
la araña es una ingeniera,
una divina relojera,
por una mosca más o menos
que la detesten los idiotas,
yo quiero conversar con la araña:
quiero que me teja una estrella.

Me interesan tanto las pulgas
que me dejo picar por horas,
son perfectas, antiguas, sánscritas,
son máquinas inapelables.
No pican para comer,
solo pican para saltar,
son las saltarinas del orbe,
las delicadas, las acróbatas
del circo más suave y profundo:
que galopen sobre mi piel,
que divulguen sus emociones,
que se entretengan con mi sangre,
pero que alguien me las presente,
quiero conocerlas de cerca,
quiero saber a qué atenerme.

Con los rumiantes no he podido
intimar en forma profunda:
sin embargo soy un rumiante,
no comprendo que no me entiendan.
Tengo que tratar este tema

pastando con vacas y bueyes,
planificando con los toros.
De alguna manera sabré
tantas cosas intestinales
que están escondidas adentro
como pasiones clandestinas.

Qué piensa el cerdo de la aurora?
No cantan pero la sostienen
con sus grandes cuerpos rosados,
con sus pequeñas patas duras.

Los cerdos sostienen la aurora.

Los pájaros se comen la noche.

Y en la mañana está desierto
el mundo: duermen las arañas,
los hombres, los perros, el viento,
los cerdos gruñen, y amanece.

Quiero conversar con los cerdos.

Dulces, sonoras, roncas ranas,
siempre quise ser rana un día,
siempre amé la charca, las hojas
delgadas como filamentos,
el mundo verde de los berros
con las ranas dueñas del cielo.

La serenata de la rana
sube en mi sueño y lo estimula,
sube como una enredadera
a los balcones de mi infancia,
a los pezones de mi prima,
a los jazmines astronómicos

de la negra noche del Sur,
y ahora que ha pasado el tiempo
no me pregunten por el cielo:
pienso que no he aprendido aún
el ronco idioma de las ranas.

Si es así, cómo soy poeta?
Qué sé yo de la geografía
multiplicada de la noche?

En este mundo que corre y calla
quiero más comunicaciones,
otros lenguajes, otros signos,
quiero conocer este mundo.

Todos se han quedado contentos
con presentaciones siniestras
de rápidos capitalistas
y sistemáticas mujeres.
Yo quiero hablar con muchas cosas
y no me iré de este planeta
sin saber qué vine a buscar,
sin averiguar este asunto,
y no me bastan las personas,
yo tengo que ir mucho más lejos
y tengo que ir mucho más cerca.

Por eso, señores, me voy
a conversar con un caballo,
que me excuse la poetisa
y que el profesor me perdone,
tengo la semana ocupada,
tengo que oír a borbotones.

Cómo se llamaba aquel gato?

NAVEGACIONES Y REGRESOS

ODA A LAS AGUAS DE PUERTO

Nada del mar flota en los puertos
sino cajones rotos,
desvalidos sombreros
y fruta fallecida.
Desde arriba
las grandes aves negras
inmóviles, aguardan.
El mar se ha resignado
a la inmundicia,
las huellas digitales del aceite
se quedaron impresas en el agua
como
si alguien hubiera andado
sobre las olas
con pies oleaginosos,
la espuma
se olvidó de su origen:
ya no es sopa de diosa
ni jabón de Afrodita,
es la orilla enlutada

de una cocinería
con flotantes, oscuros,
derrotados repollos.

Las altas aves negras
de sutiles
alas como puñales
esperan
en la altura,
pausadas, ya sin vuelo,
clavadas
a una nube,
independientes
y secretas
como
litúrgicas tijeras,
y el mar que se olvidó de su marina,
el espacio del agua
que desertó
y se hizo
puerto,
sigue solemnemente examinado
por un comité frío
de alas negras
que vuela sin volar,
clavado al cielo
blindado, indiferente,
mientras el agua sucia balancea
la herencia vil caída de las naves.

EL BARCO

Pero si ya pagamos nuestros pasajes en este mundo
por qué, por qué no nos dejan sentarnos y comer?

Queremos mirar las nubes,
queremos tomar el sol y oler la sal,
francamente no se trata de molestar a nadie,
es tan sencillo: somos pasajeros.

Todos vamos pasando y el tiempo con nosotros:
pasa el mar, se despide la rosa,
pasa la tierra por la sombra y por la luz,
y ustedes y nosotros pasamos, pasajeros.

Entonces, qué les pasa?
Por qué andan tan furiosos?
A quién andan buscando con revólver?

Nosotros no sabíamos
que todo lo tenían ocupado,
las copas, los asientos,
las camas, los espejos,
el mar, el vino, el cielo.

Ahora resulta
que no tenemos mesa.
No puede ser, pensamos.
No pueden convencernos.
Estaba oscuro cuando llegamos al barco.
Estábamos desnudos.
Todos llegábamos del mismo sitio.
Todos veníamos de mujer y de hombre.
Todos tuvimos hambre y pronto dientes.
A todos no crecieron las manos y los ojos
para trabajar y desear lo que existe.

Y ahora nos salen con que no podemos,
que no hay sitio en el barco,
no quieren saludarnos,

no quieren jugar con nosotros.

Por qué tantas ventajas para ustedes?
Quién les dio la cuchara cuando no habían nacido?

Aquí no están contentos,
así no andan las cosas.

No me gusta en el viaje
hallar, en los rincones, la tristeza,
los ojos sin amor y la boca con hambre.

No hay ropa para este creciente otoño
y menos, menos, menos para el próximo invierno.
Y sin zapatos cómo vamos a dar la vuelta
al mundo, a tanta piedra en los caminos?

Sin mesa dónde vamos a comer,
dónde nos sentaremos si no tenemos silla?
Si es una broma triste, decídanse, señores,
a terminarla pronto,
a hablar en serio ahora.

Después el mar es duro.

Y llueve sangre.

ODA A LA CAMPANA CAÍDA

Se cayó el campanario.
Se cayó la campana
un día sin orgullo,
un día
que llegó como otros jueves

y se fue,
se fue, se fue con ella,
con la campana que cayó de bruces,
con el sonido sepultado.

Por qué cayó aquel día?

Por qué no fue anteayer ni ayer ni nunca,
por qué no fue mañana,
sino entonces?
Por qué tenía que caer de pronto
una campana entera,
firme, fiel y madura?
Qué pasó en el metal, en la madera,
en el suelo, en el cielo?
Qué pasó por la sombra,
por el día,
por el agua?
Quién llegó a respirar y no lo vimos?
Qué iras del mar alzaron su atributo
hasta que derribaron
el profundo
eco
que contuvo en su cuerpo la campana?
Por qué se doblegó la estrella?
Quiénes quebraron su soberanía?

El daño yace ahora.
Mordió el espacio
la campana
con su labio redondo,
ya nadie puede tocar su abismo,
todas las manos son impuras:
ella era del aire,
y cada mano nuestra

tiene uñas,
y las uñas del hombre
tienen polvo,
polvo de ayer, ceniza,
y duerme
porque
nadie puede alcanzar su voz perdida,
su alma
que ella manifestó en la transparencia,
el sonido
enterrado
en cada campanada y en el aire.

Y así fue la campana:

cantó cuando vivía
y ahora está en el polvo
su sonido.
El hombre y la campana
cantaron victoriosos en el aire,
después enmudecieron en la tierra.

ODA A LAS COSAS

Amo las cosas loca,
locamente.
Me gustan las tenazas,
las tijeras,
adoro
las tazas,
las argollas,
las soperas,
sin hablar, por supuesto,
del sombrero.

Amo
todas las cosas,
no solo
las supremas,
sino
las
infinita-
mente
chicas,
el dedal,
las espuelas,
los platos,
los floreros.

Ay, alma mía,
hermoso
es el planeta,
lleno
de pipas
por la mano
conducidas
en el humo,
de llaves,
de saleros,
en fin,
todo
lo que se hizo
por la mano del hombre, toda cosa,
las curvas del zapato,
el tejido,
el nuevo nacimiento
del oro
sin la sangre,
los anteojos,
los clavos,

las escobas,
los relojes, las brújulas,
las monedas, la suave
suavidad de las sillas.

Ay cuántas
cosas
puras
ha construido
el hombre:
de lana,
de madera,
de cristal,
de cordeles,
mesas
maravillosas,
navíos, escaleras.

Amo
todas
las cosas,
no porque sean
ardientes
o fragantes,
sino porque
no sé,
porque
este océano es el tuyo,
es el mío:
los botones,
las ruedas,
los pequeños
tesoros
olvidados,
los abanicos en

cuyos plumajes
desvaneció el amor
sus azahares,
las copas, los cuchillos,
las tijeras,
todo tiene
en el mango, en el contorno,
la huella
de unos dedos,
de una remota mano
perdida
en lo más olvidado del olvido.

Yo voy por casas,
calles,
ascensores,
tocando cosas,
divisando objetos
que en secreto ambiciono:
uno porque repica,
otro porque
es tan suave
como la suavidad de una cadera,
otro por su color de agua profunda,
otro por su espesor de terciopelo.

Oh río
irrevocable
de las cosas,
no se dirá
que solo
amé
los peces,
o las plantas de selva y de pradera,
que no solo

amé
lo que salta, sube, sobrevive, suspira.
No es verdad:
muchas cosas
me lo dijeron todo.
No solo me tocaron
o las tocó mi mano,
sino que acompañaron
de tal modo
mi existencia
que conmigo existieron
y fueron para mí tan existentes
que vivieron conmigo media vida
y morirán conmigo media muerte.

ODA AL GATO

Los animales fueron
imperfectos,
largos de cola, tristes
de cabeza.
Poco a poco se fueron
componiendo,
haciéndose paisaje,
adquiriendo lunares, gracia, vuelo.
El gato,
solo el gato
apareció completo
y orgulloso:
nació completamente terminado,
camina solo y sabe lo que quiere.

El hombre quiere ser pescado y pájaro,
la serpiente quisiera tener alas,

el perro es un león desorientado,
el ingeniero quiere ser poeta,
la mosca estudia para golondrina,
el poeta trata de imitar la mosca,
pero el gato
quiere ser solo gato
y todo gato es gato
desde bigote a cola,
desde presentimiento a rata viva,
desde la noche hasta sus ojos de oro.

No hay unidad
como él,
no tienen
la luna ni la flor
tal contextura:
es una sola cosa
como el sol o el topacio,
y la elástica línea en su contorno
firme y sutil es como
la línea de la proa de una nave.
Sus ojos amarillos
dejaron una sola
ranura
para echar las monedas de la noche.

Oh pequeño
emperador sin orbe,
conquistador sin patria,
mínimo tigre de salón, nupcial
sultán del cielo
de las tejas eróticas,
el viento del amor
en la intemperie
reclamas

cuando pasas
y posas
cuatro pies delicados
en el suelo,
oliendo,
desconfiando
de todo lo terrestre,
porque todo
es inmundo
para el inmaculado pie del gato.

Oh fiera independiente
de la casa, arrogante
vestigio de la noche,
perezoso, gimnástico
y ajeno,
profundísimo gato,
policía secreta
de las habitaciones,
insignia
de un
desaparecido terciopelo,
seguramente no hay
enigma
en tu manera,
tal vez no eres misterio,
todo el mundo te sabe y perteneces
al habitante menos misterioso,
tal vez todos lo creen,
todos se creen dueños,
propietarios, tíos
de gatos, compañeros,
colegas,
discípulos o amigos
de su gato.

Yo no.
Yo no suscribo.
Yo no conozco al gato.
Todo lo sé, la vida y su archipiélago,
el mar y la ciudad incalculable,
la botánica,
el gineceo con sus extravíos,
el por y el menos de la matemática,
los embudos volcánicos del mundo,
la cáscara irreal del cocodrilo,
la bondad ignorada del bombero,
el atavismo azul del sacerdote,
pero no puedo descifrar un gato.
Mi razón resbaló en su indiferencia,
sus ojos tienen números de oro.

ODA A UNA MAÑANA DEL BRASIL

Esta es una mañana
del Brasil. Vivo adentro
de un violento diamante,
toda la transparencia
de la tierra
se materializó
sobre
mi frente,
apenas si se mueve
la bordada verdura,
el rumoroso cinto
de la selva:
ancha es la claridad, como una nave
del cielo, victoriosa.

Todo crece,
los árboles,
el agua,
los insectos,
el día.
Todo termina en hoja.
Se unieron
todas
las cigarras
que nacieron, vivieron
y murieron
desde que existe el mundo,
y aquí cantan
en un solo congreso
con voz de miel,
de sal,
de aserradero,
de violín delirante.

Las mariposas
bailan
rápidamente
un
baile
rojo
negro
naranja
verde
azul
blanco
granate
amarillo
violeta
en el aire,
en las flores,

en la nada,
volantes,
sucesivas
y remotas.

Deshabitadas
tierras,
cristal
verde
del mundo,
en alguna
región
un ancho río
se despeña
en plena soledad,
los saurios cruzan
las aguas pestilentes,
miles de seres lentos
aplastados
por la
ciega espesura
cambian de planta, de agua,
de pantano, de cueva,
y atraviesan el aire
aves abrasadoras.

Un grito, un canto,
un vuelo,
una cascada
cruzan desde una copa
de palmera
hasta
la arboladura
del bambú innumerable.

El mediodía
llega
sosegado,
se extiende
la luz como si hubiera
nacido un nuevo río
que corriera y cantara
llenando el universo:
de pronto
todo
queda
inmóvil,
la tierra, el cielo, el agua
se hicieron transparencia,
el tiempo se detuvo
y todo entró en su caja de diamante.

TRES NIÑAS BOLIVIANAS

Palomas de Bolivia, hijas de greda,
doradas de la altura,
cántaras de aire, ahora
sentémonos en el camino,
contemos cuarenta centavos,
una manta, una vela, una olla,
sentémonos en la pobreza.
Arriba muerde el aire frío
y es un paraguas en el cielo
el cóndor oscuro y sangriento.

Yo toqué el espinazo andino
con mis manos y tengo el alma
atónita y ferruginosa.
Ahora estoy sentado con las

taciturnas novias de arcilla
y es lejos en todo horizonte,
es solitaria toda vida
solo celeste cielo y nieve,
cumbres raídas, lluvia férrea
como las espadas de Dios,
como las lanzas del diablo,
como los látigos del hombre.

Solo yo puedo sentarme
tan elevadamente puro
en este trono de la muerte,
de la muerte color de estaño.

Solo yo, rey de soledades,
rey harapiento de la altura,
pude llegar, beber un trago,
masticar las sagradas hojas
y sentarme sin decir nada
con mi familia terrestre.

Juana Pachucutanga,
María Sandoval Chacuya
y Rosita Flor Puna Puna.
Allí estuvimos sin decir
una sola palabra blanca,
una sola palabra impura,
porque éramos tierra, éramos agua,
éramos el aire de arriba.

Esta vez no quiero contar
ciertas amarguras pesadas
como el peñón de Apac Chaimún.
No quiero hablar de la sangre
inútil, volcada en el cuenco

de aquellas piedras inhumanas.
Yo quiero que cante el silencio
como si fuera transparente
y tuviera la voz del agua:
que cuente lo que calla tanto,
que descifre las cordilleras.

Silenciosas hermanas, ahora
despidámonos de esta tarde
color de sangre y de azufre:
yo por aquí me voy a Chile,
ustedes suban al planeta.
Ya volveré, ya nos veremos,
ya podremos andar un día
y contar bienes más extensos:
repartiremos la verdad,
viviremos en una estrella.

ODA AL PERRO

El perro me pregunta
y no respondo.
Salta, corre en el campo y me pregunta
sin hablar
y sus ojos
son dos preguntas húmedas, dos llamas
líquidas que interrogan
y no respondo,
no respondo porque
no sé, no puedo nada.

A campo pleno vamos
hombre y perro.

Brillan las hojas como
si alguien
las hubiera besado
una por una,
suben del suelo
todas las naranjas
a establecer
pequeños planetarios
en árboles redondos
como la noche, y verdes,
y perro y hombre vamos
oliendo el mundo, sacudiendo el trébol,
por el campo de Chile,
entre los dedos claros de septiembre.
El perro se detiene,
persigue las abejas,
salta el agua intranquila,
escucha lejanísimos
ladridos,
orina en una piedra
y me trae la punta de su hocico,
a mí, como un regalo.
Es su frescura tierna,
la comunicación de su ternura,
y allí me preguntó
con sus dos ojos,
por qué es de día, por qué vendrá la noche,
por qué la primavera
no trajo en su canasta
nada
para perros errantes,
sin flores inútiles,
flores, flores y flores.
Y así pregunta

el perro
y no respondo.

Vamos
hombre y perro reunidos
por la mañana verde,
por la incitante soledad vacía
en que solo nosotros
existimos,
esta unidad de perro con rocío
y el poeta del bosque,
porque no existe el pájaro escondido,
ni la secreta flor,
sino trino y aroma
para dos compañeros,
para dos cazadores compañeros:
un mundo humedecido
por las destilaciones de la noche,
un túnel verde y luego
una pradera,
una ráfaga de aire anaranjado,
el susurro de las raíces,
la vida caminando,
respirando, creciendo,
y la antigua amistad,
la dicha
de ser perro y ser hombre
convertida
en un solo animal
que camina moviendo
seis patas
y una cola
con rocío.

A MI PUEBLO, EN ENERO

Cuando el año
nacía,
recio, oloroso a pan de cordillera
y a manzano marino,
cuando mi patria pobre
su poncho de racimos desplegaba,
abrió la tiranía
el viejo hocico
de saurio desdentado
y mordió el corazón del territorio.

Pasó la ráfaga, volvió
por su camino
la simple vida amarga
o la alegría.
Muchos han olvidado,
han muerto muchos
y otros que hoy tienen boca no sufrieron
porque no eran nacidos.

No he olvidado ni he muerto.

Soy el árbol de enero
en la selva quemada:
la llama cruel que bailó en el follaje,
tal vez se fue, se fue la quemadura,
la ceniza voló,
se retorció
en la muerte la madera,
No hay hojas en los palos.
Solo en mi corazón las cicatrices
Florecen y recuerdan.

Soy el último ramo del castigo.

ODA A RAMÓN GÓMEZ DE LA SERNA

Ramón
está escondido,
vive en su gruta
como un oso de azúcar.
Sale solo de noche
y trepa por las ramas
de la ciudad, recoge
castañas tricolores,
piñones erizados,
clavos de olor, peinetas de tormenta,
azafranados abanicos muertos,
ojos perdidos en las bocacalles,
y vuelve con su saco
hasta su madriguera trasandina
alfombrada con largas cabelleras
y orejas celestiales.

Vuelve lleno de miedo
al golpe de la puerta,
al ímpetu
espacial
de los aviones,
al frío que se cuela
desde España,
a las enredaderas, a los hombres,
a las banderas, a la ingeniería.
Tiene miedo de todo.
Allí en su cueva
reunió los alimentos
migratorios
y se nutre
de claridad sombría
y de naranjas.

De pronto
sale un fulgor, un rayo
de su faro
y el haz ultravioleta
que encerraba
su frente
nos ilumina el diámetro y la fiesta,
nos muestra el calendario
con Viernes más profundos,
con Jueves como el mar vociferante,
todo repleto, todo
maduro con sus orbes,
porque el revelador del universo
Ramón se llama y cuando
sopla en su flor de losa, en su trompeta,
acuden manantiales,
muestra el silencio sus categorías.

Oh rey Ramón,
monarca
mental,
director
ditirámbico
de la interrogadora poesía,
pastor de las parábolas
secretas, autor
del alba y su
desamparado
cataclismo,
poeta
presuroso
y espacioso,
con tantos sin embargos,
con tantos ojos ciegos,
porque

viéndolo todo
Ramón se irrita
y se desaparece,
se confunde en la bruma
del calamar lunario
y el que todo lo dice
y puede
saludar lo que va y lo que viene,
de pronto
se inclina hacia anteayer, da un cabezazo
contra el sol de la historia,
y de ese encuentro salen chispas negras
sin la electricidad de su insurgencia.

Escribo en Isla Negra,
construyo
carta y canto.
El día estaba roto
como la antigua estatua
de una diosa marina
recién sacada de su lecho frío
con lágrimas y légamo,
y junto al movimiento
descubridor
del mar y sus arenas,
recordé los trabajos
del Poeta,
la insistencia radiante de su espuma,
el venidero viento de sus olas.

Y a Ramón
dediqué
mis himnos matinales,
la culebra
de mi caligrafía,

para cuando
salga
de su prolija torre de carpincho
reciba la serena
magnitud de una ráfaga de Chile
y que le brille al mago el cucurucho
y se derramen todas sus estrellas.

REGRESO

Hostiles cordilleras,
cielo duro,
extranjeros, esta es,
esta es mi patria,
aquí nací y aquí viven mis sueños.

El barco se desliza
por el azul, por todos los azules,
la costa es la más larga
línea de soledad del universo,
pasan y pasan las arenas blancas,
suben y bajan los montes desnudos,
y corre junto al mar la tierra sola,
dormida o muerta en paz ferruginosa.

Cuando cayeron las vegetaciones
y el dulce verde abandonó estas tierras
el sol las calcinó desde su altura,
la sal las abrasó desde sus piedras.

Desde entonces se desenterraron
las antiguas estrellas minerales:
allí yacen los huesos de la tierra,
compacto como piedra es el silencio.

Perdonad, extranjeros,
perdonad la medida desolada
de nuestra soledad,
y lo que damos en la lejanía.

Sin embargo,
aquí están las raíces de mi sueño,
esta es la dura luz que amamos,
y de algún modo, con distante orgullo,
como en los minerales de la noche,
vive el honor en esta larga arena.

ODA A LA SILLA

Una silla en la selva:
bajo las lianas duras
cruje un tronco sagrado,
sube una enredadera,
aúllan en la sombra
bestias ensangrentadas,
del cielo verde caen grandes hojas,
suenan los cascabeles
secos de la serpiente,
como un flechazo contra una bandera
atravesó un pájaro el follaje,
las ramas levantaron sus violines,
rezan inmóviles
los insectos
sentados en sus flores,
se hunden los pies
en
el sargazo negro
de la selva marina,
en las nubes caídas de la selva,

y solo pido
para el extranjero,
para el explorador desesperado
una silla
en el árbol de las sillas,
un trono
de felpa desgreñada,
el terciopelo de un sillón profundo
carcomido por las enredaderas.
Sí,
una silla,
la silla
que ama el universo
para el hombre que anda,
la fundación
segura,
la dignidad
suprema
del reposo!

Atrás tigres sedientos,
muchedumbre de moscas sanguinarias,
atrás negra espesura
de fantasmales hojas,
atrás aguas espesas,
hojas ferruginosas,
sempiternas serpientes,
en medio
de los truenos,
una silla,
una silla
para mí, para todos,
una silla no solo
para alivio
del cuerpo fatigado,

sino
que para todo
y para todos,
para la fuerza perdida
y para el pensamiento.

La guerra es ancha como selva oscura.
La paz
comienza
en
una sola
silla.

TEMPESTAD CON SILENCIO

Truena sobre los pinos.
La nube espesa desgranó sus uvas,
cayó el agua de todo el cielo vago,
el viento dispersó su transparencia,
se llenaron los árboles de anillos,
de collares, de lágrimas errantes.

Gota a gota
la lluvia se reúne
otra vez en la tierra.

Un solo trueno vuela
sobre el mar y los pinos,
un trueno opaco, oscuro,
un movimiento sordo:
son los muebles del cielo
que se arrastran.

De nube en nube caen

los pianos de la altura,
los armarios azules,
las sillas y las camas cristalinas.

Todo lo arrastra el viento.

Canta y cuenta la lluvia.

Las letras de agua caen
rompiendo las vocales
contra los techos. Todo
fue crónica perdida,
sonata dispersada gota a gota:
el corazón del agua y su escritura.

Terminó la tormenta.
Pero el silencio es otro.

EPÍLOGO

DEBERES DE MAÑANA

Odas sin fin, mañana
y ayer (hoy es temprano)
nacen, nacieron, nacerán, sirviendo
la sed del caminante y del camino,
y caerán como la lluvia cae,
como el otoño cae
derramando
la claridad del riego
o un resumen errante y amarillo.

Todo a la luz serena de la noche,
a la sombra del día,
todo el viento que actúa
en la vacilación de las espigas,
toda el agua, en su idioma,
a la que dice tantas cosas claras
y al agua de la hondura,
oscura agua secreta que no canta.

A todo sol, a toda luna vengo,

a todo perro, pájaro, navío,
a todo mueble, a todo ser humano.

Quién es? Ya voy! Espera!

Espera, rosa clara,
espera, trigo verde,
mineral de la tierra, espera,
nos queda tiempo para ser campana.

A toda rueda digo,
espera, rueda, espera:
ya voy, ya vengo, un solo
minuto
y rodaremos.

Sí, rueda, rodaremos,
insecto, insectaremos,
sí, fuego, fuegaremos,
sí, corazón,
lo sé,
lo sé,
y se sabe:
es a vida, es a muerte
este destino.

Cantando moriremos.

CIEN SONETOS DE AMOR

A MATILDE URRUTIA

Señora mía muy amada, gran padecimiento tuve al escribirte estos mal llamados sonetos y harto me dolieron y costaron, pero la alegría de ofrecértelos es mayor que una pradera. Al proponérmelo bien sabía que al costado de cada uno, por afición electiva y elegancia, los poetas de todo tiempo dispusieron rimas que sonaron como platería, cristal o cañonazo. Yo, con mucha humildad hice estos sonetos de madera, les di el sonido de esta opaca y pura substancia y así deben llegar a tus oídos. Tú y yo caminando por bosques y arenales, por lagos perdidos, por cenicientas latitudes, recogimos fragmentos de palo puro, de maderos sometidos al vaivén del agua y la intemperie. De tales suavizadísimos vestigios construí con hacha, cuchillo, cortaplumas, estas madererías de amor y edifiqué pequeñas casas de catorce tablas para que en ellas vivan tus ojos que adoro y canto. Así establecidas mi razones de amor te entrego esta centuria: sonetos de madera que solo se levantaron porque tú les diste la vida.

Octubre de 1959

MAÑANA

1

Áspero amor, violeta coronada de espinas,
matorral entre tantas pasiones erizado,
lanza de los dolores, corola de la cólera,
por qué caminos y cómo te dirigiste a mi alma?

Por qué precipitaste tu fuego doloroso,
de pronto, entre las hojas frías de mi camino?
Quién te enseñó los pasos que hasta mí te llevaron?
Qué flor, qué piedra, qué humo mostraron mi morada?

Lo cierto es que tembló la noche pavorosa,
el alba llenó todas las copas con su vino
y el sol estableció su presencia celeste,

mientras que el cruel amor me cercaba sin tregua
hasta que lacerándome con espadas y espinas
abrió en mi corazón un camino quemante.

2

Si no fuera porque tus ojos tienen color de luna,
de día con arcilla, con trabajo, con fuego,
y aprisionada tienes la agilidad del aire,
si no fuera porque eres una semana de ámbar,

si no fuera porque eres el momento amarillo
en que el otoño sube por las enredaderas
y eres aún el pan que la luna fragante
elabora paseando su harina por el cielo,

oh, bienamada, yo no te amaría!
En tu abrazo yo abrazo lo que existe,
la arena, el tiempo, el árbol de la lluvia,

y todo vive para que yo viva:
sin ir tan lejos puedo verlo todo:
veo en tu vida todo lo viviente.

3

Al golpe de la ola contra la piedra indócil
la claridad estalla y establece su rosa
y el círculo del mar se reduce a un racimo,
a una sola gota de sal azul que cae.

Oh radiante magnolia desatada en la espuma,
magnética viajera cuya muerte florece
y eternamente vuelve a ser y a no ser nada:
sal rota, deslumbrante movimiento marino.

Juntos tú y yo, amor mío, sellamos el silencio,
mientras destruye el mar sus constantes estatuas

y derrumba sus torres de arrebato y blancura,

porque en la trama de estos tejidos invisibles
del agua desbocada, de la incesante arena,
sostenemos la única y acosada ternura.

4

Plena mujer, manzana carnal, luna caliente,
espeso aroma de algas, lodo y luz machacados,
qué oscura claridad se abre entre tus columnas?
Qué antigua noche el hombre toca con sus sentidos?

Ay, amar es un viaje con agua y con estrellas,
con aire ahogado y bruscas tempestades de harina:
amar es un combate de relámpagos
y dos cuerpos por una sola miel derrotados.

Beso a beso recorro tu pequeño infinito,
tus imágenes, tus ríos, tus pueblos diminutos,
y el fuego genital transformado en delicia

corre por los delgados caminos de la sangre
hasta precipitarse como un clavel nocturno,
hasta ser y no ser sino un rayo en la sombra.

5

Desde hace mucho tiempo la tierra te conoce:
eres compacta como el pan o la madera,
eres cuerpo, racimo de segura substancia,
tienes peso de acacia, de legumbre dorada.

Sé que existes no solo porque tus ojos vuelan
y dan luz a las cosas como ventana abierta,
sino porque de barro te hicieron y cocieron
en Chillán, en un horno de adobe estupefacto.

Los seres se derraman como aire o agua o frío
y vagos son, se borran al contacto del tiempo,
como si antes de muertos fueran desmenuzados.

Tú caerás conmigo como piedra en la tumba
y así por nuestro amor que no fue consumido
continuará viviendo con nosotros la tierra.

6

No te amo como si fueras rosa de sal, topacio
o flecha de claveles que propagan el fuego:
te amo como se aman ciertas cosas oscuras,
secretamente, entre la sombra y el alma.

Te amo como la planta que no florece y lleva
dentro de sí, escondida, la luz de aquellas flores,
y gracias a tu amor vive oscuro en mi cuerpo
el apretado aroma que ascendió de la tierra.

Te amo sin saber cómo, ni cuándo, ni de dónde,
te amo directamente sin problemas ni orgullo:
así te amo porque no sé amar de otra manera,

sino así de este modo en que no soy ni eres,
tan cerca que tu mano sobre mi pecho es mía,
tan cerca que se cierran tus ojos con mi sueño.

7

Por las montañas vas como viene la brisa
o la corriente brusca que baja de la nieve
o bien tu cabellera palpitante confirma
los altos ornamentos del sol en la espesura.

Toda la luz del Cáucaso cae sobre tu cuerpo
como en una pequeña vasija interminable
en que el agua se cambia de vestido y de canto
a cada movimiento transparente del río.

Por los montes el viejo camino de guerreros
y abajo enfurecida brilla como una espada
el agua entre murallas de manos minerales,

hasta que tú recibes de los bosques de pronto
el ramo o el relámpago de unas flores azules
y la insólita flecha de un aroma salvaje.

8

Mi fea, eres una castaña despeinada,
mi bella, eres hermosa como el viento,
mi fea, de tu boca se pueden hacer dos,
mi bella, son tus besos frescos como sandías.

Mi fea, dónde están escondidos tus senos?
Son mínimos como dos copas de trigo.
Me gustaría verte dos lunas en el pecho:
las gigantescas torres de tu soberanía.

Mi fea, el mar no tiene tus uñas en su tienda,
mi bella, flor a flor, estrella por estrella,

ola por ola, amor, he contado tu cuerpo:

mi fea, te amo por tu cintura de oro,
mi bella, te amo por una arruga en tu frente,
amor, te amo por clara y por oscura.

9

Desnuda eres tan simple como una de tus manos,
lisa, terrestre, mínima, redonda, transparente,
tienes líneas de luna, caminos de manzana,
desnuda eres delgada como el trigo desnudo.

Desnuda eres azul como la noche en Cuba,
tienes enredaderas y estrellas en el pelo,
desnuda eres enorme y amarilla
como el verano en una iglesia de oro.

Desnuda eres pequeña como una de tus uñas,
curva, sutil, rosada hasta que nace el día
y te metes en el subterráneo del mundo

como en un largo túnel de trajes y trabajos:
tu claridad se apaga, se viste, se deshoja
y otra vez vuelve a ser una mano desnuda.

10

La casa en la mañana con la verdad revuelta
de sábanas y plumas, el origen del día
sin dirección, errante como una pobre barca,
entre los horizontes del orden y del sueño.

Las cosas quieren arrastrar vestigios,
adherencias sin rumbo, herencias frías,
los papeles esconden vocales arrugadas
y en la botella el vino quiere seguir su ayer.

Ordenadora, pasas vibrando como abeja
tocando las regiones perdidas por la sombra,
conquistando la luz con tu blanca energía.

Y se construye entonces la claridad de nuevo:
obedecen las cosas al viento de la vida
y el orden establece su pan y su paloma.

MEDIODÍA

11

Corazón mío, reina del apio y de la artesa:
pequeña leoparda del hilo y la cebolla:
me gusta ver brillar tu imperio diminuto,
las armas de la cera, del vino, del aceite,

del ajo, de la tierra por tus manos abierta,
de la sustancia azul encendida en tus manos,
de la transmigración del sueño a la ensalada,
del reptil enrollado en la manguera.

Tú, con tu podadora levantando el perfume,
tú, con la dirección del jabón en la espuma,
tú, subiendo mis locas escalas y escaleras,

tú, manejando el síntoma de mi caligrafía
y encontrando en la arena del cuaderno
las letras extraviadas que buscaban tu boca.

12

Oh amor, oh rayo loco y amenaza purpúrea,
me visitas y subes por tu fresca escalera
el castillo que el tiempo coronó de neblinas,
las pálidas paredes del corazón cerrado.

Nadie sabrá que solo fue la delicadeza
construyendo cristales duros como ciudades
y que la sangre abría túneles desdichados
sin que su monarquía derribara el invierno.

Por eso, amor, tu boca, tu piel, tu luz, tus penas,
fueron el patrimonio de la vida, los dones
sagrados de la lluvia, de la naturaleza

que recibe y levanta la gravidez del grano,
la tempestad secreta del vino en las bodegas,
la llamarada del cereal en el suelo.

13

Dos amantes dichosos hacen un solo pan,
una sola gota de luna en la hierba,
dejan andando dos sombras que se reúnen,
dejan un solo sol vacío en una cama.

De todas las verdades escogieron el día:
no se ataron con hilos sino con un aroma,
y no despedazaron la paz ni las palabras.
La dicha es una torre transparente.

El aire, el vino van con los dos amantes,

la noche les regala sus pétalos dichosos,
tienen derecho a todos los claveles.

Dos amantes dichosos no tienen fin ni muerte,
nacen y mueren muchas veces mientras viven,
tienen la eternidad de la naturaleza.

TARDE

14

Entre los espadones de fierro literario
paso yo como un marinero remoto
que no conoce las esquinas y que canta
porque sí, porque cómo si no fuera por eso.

De los atormentados archipiélagos traje
mi acordeón con borrascas, rachas de lluvia loca,
y una costumbre lenta de cosas naturales:
ellas determinaron mi corazón silvestre.

Así cuando los dientes de la literatura
trataron de morder mis honrados talones,
yo pasé, sin saber, cantando con el viento

hacia los almacenes lluviosos de mi infancia,
hacia los bosques fríos del Sur indefinible,
hacia donde mi vida se llenó con tu aroma.

15

La gran lluvia del Sur cae sobre Isla Negra
como una sola gota transparente y pesada,
el mar abre sus hojas frías y la recibe,
la tierra aprende el húmedo destino de una copa.

Alma mía, dame en tus besos el agua
salobre de estos meses, la miel del territorio,
la fragancia mojada por mil labios del cielo,
la paciencia sagrada del mar en el invierno.

Algo nos llama, todas las puertas se abren solas,
relata el agua un largo rumor a las ventanas,
crece el cielo hacia abajo tocando las raíces,

y así teje y desteje su red celeste el día
con tiempo, sal, susurros, crecimientos, caminos,
una mujer, un hombre, y el invierno en la tierra.

NOCHE

16

Una vez más, amor, la red del día extingue
trabajos, ruedas, fuegos, estertores, adioses,
y a la noche entregamos el trigo vacilante
que el mediodía obtuvo de la luz y la tierra.

Solo la luna en medio de su página pura
sostiene las columnas del estuario del cielo,
la habitación adopta la lentitud del oro
y van y van tus manos preparando la noche.

Oh amor, oh noche, oh cúpula cerrada por un río
de impenetrables aguas en la sombra del cielo
que destaca y sumerge sus uvas tempestuosas,

hasta que solo somos un solo espacio oscuro,
una copa en que cae la ceniza celeste,
una gota en el pulso de un lento y largo río.

17

Pensé morir, sentí de cerca el frío,
y de cuanto viví solo a ti te dejaba:
tu boca eran mi día y mi noche terrestres
y tu piel la república fundada por mis besos.

En ese instante se terminaron los libros,
la amistad, los tesoros sin tregua acumulados,
la casa transparente que tú y yo construimos:
todo dejó de ser, menos tus ojos.

Porque el amor, mientras la vida nos acosa,
es simplemente una ola alta sobre las olas
pero ay cuando la muerte viene a tocar la puerta

hay solo tu mirada para tanto vacío,
solo tu claridad para no seguir siendo,
solo tu amor para cerrar la sombra.

18

La edad nos cubre como la llovizna,
interminable y árido es el tiempo,
una pluma de sal toca tu rostro,
una gotera carcomió mi traje:

el tiempo no distingue entre mis manos
o un vuelo de naranjas en las tuyas:
pica con nieve y azadón la vida:
la vida tuya que es la vida mía.

La vida mía que te di se llena
de años, como el volumen de un racimo.

Regresarán las uvas a la tierra.

Y aún allá abajo el tiempo sigue siendo,
esperando, lloviendo sobre el polvo,
ávido de borrar hasta la ausencia.

19

Hay que volar en este tiempo, a dónde?
Sin alas, sin avión, volar sin duda:
ya los pasos pasaron sin remedio,
no elevaron los pies del pasajero.

Hay que volar a cada instante como
las águilas, las moscas y los días,
hay que vencer los ojos de Saturno
y establecer allí nuevas campanas.

Ya no bastan zapatos ni caminos,
ya no sirve la tierra a los errantes,
ya cruzaron la noche las raíces,

y tú aparecerás en otra estrella
determinadamente transitoria
convertida por fin en amapola.

20

En medio de la tierra apartaré
las esmeraldas para divisarte
y tú estarás copiando las espigas
con una pluma de agua mensajera.

Qué mundo! Qué profundo perejil!
Qué nave navegando en la dulzura!
Y tú tal vez y yo tal vez topacio!
Ya no habrá división en las campanas.

Ya no habrá sino todo el aire libre,
las manzanas llevadas por el viento,
el suculento libro en la enramada,

y allí donde respiran los claveles
fundaremos un traje que resista
la eternidad de un beso victorioso.

LAS PIEDRAS DE CHILE

ALGUNAS PALABRAS PARA ESTE LIBRO DE PIEDRAS

Hace ya veinte años que dejé entre mis pensamientos este libro pedregal, nacido en las desamparadas costas y cordilleras de mi patria. No me fue posible escribirlo entonces por razones errantes y quehaceres de cada año y cada día.

Cuando yo tenía en progreso mi pequeña dedicación al roquerío y ya contaba con la ayuda mayor de mi buen compañero y excelso fotógrafo Antonio Quintana, me llegó de Francia un libro en todo semejante al mío. Firmaba los poemas de estupendo esplendor mi amigo Pierre Seghers y las bellas fotografías de piedras francesas eran de la venezolana Fina Gómez.

Así pues, explicada esta coincidencia, la celebro como una circunstancia harto feliz.

Deber de los poetas es cantar con sus pueblos y dar al hombre lo que es del hombre: sueño y amor, luz y noche, razón y desvarío. Pero no olvidemos las piedras! No olvidemos los tácitos castillos, los erizados, redondos regalos del planeta. Fortificaron ciudadelas, avanzaron a matar o morir, condecoraron la existencia sin comprometerse, manteniendo su misteriosa materia ultraterrenal, independiente y eterna.

Mi compañera Gabriela Mistral dijo una vez que en Chile nos vemos pronto el esqueleto, tanta roca tenemos en montañas y arenas. Es mucha verdad la que dijo, como casi siempre.

Yo vine a vivir a Isla Negra en el año 1939 y la costa estaba sembrada de portentosas presencias de piedra y estas han conversado conmigo en un lenguaje ronco y mojado, mezcla de gritos marinos y advertencias primordiales.

Por eso este libro embellecido con los retratos de los seres de piedra es una conversación que dejo abierta para que todos los poetas de la tierra la continúen y encuentren el secreto de la piedra y de la vida.

LA ESTATUA CIEGA

Hace mil veces mil
años de piedra
yo fui picapedrero
y esto fue lo que hice,
golpeando
sin manos
ni martillo,
abriendo
sin cincel,
mirando el sol sin ojos,
sin ser,
sin existir sino en el viento,
sin otro pensamiento que una ola,
sin otras herramientas
que el tiempo,
el tiempo,
el tiempo.

Hice la estatua ciega
que no mirara,
que allí

en la desolada
arena
mantuviera su mole
como mi monumento:
la estatua
ciega
que aquel primer hombre
que salió de la piedra,
el hijo de la fuerza,
el primero
que cavó, tocó, impuso
su creación perdida,
buscó el fuego.

Y así nací, desnudo
y azul picapedrero,
a lo largo de costas en tinieblas,
de ríos aún oscuros,
en cuevas azotadas por la cola
de los saurios sombríos,
y me costó encontrarme,
hacerme manos,
ojos, dedos, buscar
mi propia sangre,
y entonces mi alegría
se hizo estatua:
mi propia forma que copié golpeando
a través de los siglos en la piedra.

LA CREACIÓN

Aquello sucedió en el gran silencio
cuando nació la hierba,
cuando recién se desprendió la luz

y creó el bermellón y las estatuas,
entonces
en la gran soledad
se abrió un aullido,
algo rodó llorando,
se entreabrieron las sombras, subió solo
como si sollozaran los planetas
y luego el eco
rodó de tumbo en tumbo
hasta que se calló lo que nacía.

Pero la piedra conservó el recuerdo.

Guardó el hocico abierto de las sombras,
la palpitante espada del aullido,
y hay en la piedra un animal sin nombre
que aún aúlla sin voz hacia el vacío.

AL AIRE EN LA PIEDRA

En la peña desnuda
y en el pelo
aire
de piedra y ola.
Todo cambió de piel hora por hora.
La sal fue luz salada,
el mar abrió
sus nubes,
el cielo
despeñó su espuma verde:
como una flor
clavada en una
lanza de oro
el día resplandece:

todo
es
campana, copa,
vacío que se eleva,
corazón transparente,
piedra
y
agua.

EL CAMINANTE

No son tan tristes estas piedras.
Adentro de ellas vive el oro,
tienen semillas de planetas,
tienen campanas en el fondo,
guantes de hierro, matrimonios
del tiempo con las amatistas:
por dentro ríen con rubíes,
se alimentaron de relámpagos.

Por eso, viajero, cuidado
con las tristezas del camino,
con los misterios en los muros.

Me ha costado mucho saber
que no todo vive por fuera
y no todo muere por dentro,
y que la edad escribe letras
con agua y piedra para nadie,
para que nadie sepa dónde,
para que nadie entienda nada.

PIEDRAS ANTÁRTICAS

Allí termina todo
y no termina:
allí comienza todo:
se despiden los ríos en el hielo,
el aire se ha casado con la nieve,
no hay calles ni caballos
y el único edificio
lo construyó la piedra.
Nadie habita el castillo
ni las almas perdidas
que frío y viento frío
amedrentaron:
es sola allí la soledad del mundo,
y por eso la piedra
se hizo música,
elevó sus delgadas estaturas,
se levantó para gritar o cantar,
pero se quedó muda.
Solo el viento,
el látigo
del Polo Sur que silba,
solo el vacío blanco
y un sonido de pájaros de lluvia
sobre el castillo de la soledad.

NADA MÁS

De la verdad fui solidario:
de instaurar luz en la tierra.

Quise ser común como el pan:
la lucha no me encontró ausente.

Pero aquí estoy con lo que amé,
con la soledad que perdí:
junto a esta piedra no reposo.

Trabaja el mar en mi silencio.

CANTOS CEREMONIALES

LA INSEPULTA DE PAITA

Elegía dedicada a la memoria de Manuela Sáenz,
amante de Simón Bolívar

EN VANO TE BUSCAMOS

No, nadie reunirá tu firme forma,
ni resucitará tu arena ardiente,
no volverá tu boca a abrir su doble pétalo,
ni se hinchará en tus senos la blanca vestidura.

La soledad dispuso sal, silencio, sargazo,
y tu silueta fue comida por la arena,
se perdió en el espacio tu silvestre cintura,
sola, sin el contacto del jinete imperioso
que galopó en el fuego hasta la muerte.

MANUELA MATERIAL

Aquí en las desoladas colinas no reposas,
no escogiste el inmóvil universo del polvo.

Pero no eres espectro del alma en el vacío.
Tu recuerdo es materia, carne, fuego, naranja.

No asustarán tus pasos el salón del silencio,
a medianoche, ni volverás con la luna,
no entrarás transparente, sin cuerpo y sin rumor.
no buscarán tus manos la cítara dormida.

No arrastrarás de torre en torre un nimbo verde
como de abandonados y muertos azahares,
y no tintinearán de noche tus tobillos:
te desencadenó solo la muerte.

No, ni espectro, ni sombra, ni luna sobre el frío,
ni llanto, ni lamento, ni huyente vestidura,
sino aquel cuerpo, el mismo que se enlazó al amor,
aquellos ojos que desgranaron la tierra.

Las piernas que anidaron el imperioso fuego
del Húsar, del errante Capitán del camino,
las piernas que subieron al caballo en la selva
y bajaron volando la escala de alabastro.

Los brazos que abrazaron, sus dedos, sus mejillas,
sus senos (dos morenas mitades de magnolia),
el ave de su pelo (dos grandes alas negras),
sus caderas redondas de pan ecuatoriano.

Así, tal vez desnuda, paseas con el viento
que sigue siendo ahora tu tempestuoso amante.
Así existes ahora como entonces: materia,
verdad, vida imposible de traducir a muerte.

EL JUEGO

Tu pequeña mano morena,
tus delgados pies españoles,
tus caderas claras de cántaro,
tus venas por donde corrían
viejos ríos de fuego verde:
todo lo pusiste en la mesa
como un tesoro quemante:
como de abandonados y muertos azahares,
en la baraja del incendio:
en el juego de vida o muerte.

EPITAFIO

Esta fue la mujer herida:
en la noche de los caminos
tuvo por sueño una victoria,
tuvo por abrazo el dolor.
Tuvo por amante una espada.

TORO
(FRAGMENTO)

1

Entre las aguas del norte y las del sur
España estaba seca,
sedienta, devorada, tensa como un tambor,
seca como la luna estaba España
y había que regar pronto antes de que ardiera,
ya todo era amarillo,
de un amarillo viejo y pisoteado,
ya todo era de tierra,
ni siquiera los ojos sin lágrimas lloraban
(ya llegará el tiempo del llanto)
desde la eternidad ni una gota de tiempo,
ya iban mil años sin lluvia,
la tierra se agrietaba
y allí en las grietas los muertos:
un muerto en cada grieta
y no llovía,
pero no llovía.

2

Entonces el toro fue sacrificado.
De pronto salió una luz roja
como el cuchillo del asesino
y esta luz se extendió desde Alicante,
se encarnizó en Somosierra.
Las cúpulas parecían geranios.
Todo el mundo miraba hacia arriba.
Qué pasa? preguntaban.
Y en medio del temor
entre susurro y silencio
alguien que lo sabía
dijo: «Esa es la luz del toro».

3

Entonces cayó la primera gota de sangre y floreció,
la tierra recibió sangre y la fue consumiendo
como una terrible bestia escondida que no puede
saciarse,
no quiso tomar agua,
cambió de nombre su sed,
y todo se tiñó de rojo,
las catedrales se incendiaron,
en Góngora temblaban los rubíes,
en la plaza de toros roja como un clavel
se repetía en silencio y furia el rito,
y luego la gota corría boca abajo
hacia los manantiales de la sangre,
y así fue y así fue la ceremonia,
el hombre pálido, la sombra arrolladora
de la bestia y el juego
entre la muerte y la vida bajo el día sangriento.

4

De la sombra bestial suenan los suaves cuernos
regresando en un sueño vacío al pasto amargo,
solo una gota penetró en la arena,
una gota de toro, una semilla espesa,
y otra sangre, la sangre del pálido soldado:
un esplendor sin seda atravesó el crepúsculo,
la noche, el frío metálico del alba.

Todo estaba dispuesto. Todo se ha consumido.

Rojas como el incendio son las torres de España.

FIN DE FIESTA
(FRAGMENTO)

Qué podía decir sin tocar tierra?
A quién me dirigía sin la lluvia?
Por eso nunca estuve donde estuve
y no navegué más que de regreso
y de las catedrales no guardé
retrato ni cabellos: he tratado
de fundar piedra mía a plena mano,
con razón, sin razón, con desvarío,
con furia y equilibrio: a toda hora
toqué los territorios del león
y la torre intranquila de la abeja,
por eso cuando vi lo que ya había visto
y toqué tierra y lodo, piedra y espuma mía,
seres que reconocen mis pasos, mi palabra,
plantas ensortijadas que besaban mi boca,
dije: «aquí estoy», me desnudé en la luz,
dejé caer las manos en el mar,
y cuando todo estaba transparente,
bajo la tierra, me quedé tranquilo.

PLENOS PODERES

OCÉANO

Cuerpo más puro que una ola,
sal que lava la línea,
y el ave lúcida
volando sin raíces.

PLANETA

Hay piedras de agua en la luna?
Hay aguas de oro?
De qué color es el otoño?
Se unen uno a uno los días
hasta que en una cabellera
se desenlazan? Cuánto cae
—papeles, vino, manos, muertos—
de la tierra en esa comarca?

Viven allí los ahogados?

EL CONSTRUCTOR

Yo escogí la quimera,
de sal helada construí la estatua:

fundé el reloj en plena lluvia
y vivo sin embargo.

Es verdad que mi largo poderío
subdividió los sueños
y sin que yo supiera levantaban
muros, separaciones, incesantes.

Entonces fui a la costa.

Yo vi cuando nació la embarcación,
la toqué, lisa como el pez sagrado:
tembló como la cítara de Dios,
la madera era pura,
tenía olor a miel.
Y cuando no volvía,
la nave no volvía
todos se sumergieron en sus lágrimas
mientras yo regresaba a la madera
con el hacha desnuda como estrella.

Mi religión eran aquellas naves.

No tengo más remedio que vivir.

ADIOSES

Oh adioses a una tierra y otra tierra,
a cada boca y a cada tristeza,
a la luna insolente, a las semanas
que enrollaron los días y desaparecieron,
adiós a esta y aquella voz teñida
de amaranto, y adiós
a la cama y al plato de costumbre,

al sitio vesperal de los adioses,
a la silla casada con el mismo crepúsculo,
al camino que hicieron mis zapatos.

Me difundí, no hay duda,
me cambié de existencias,
cambié de piel, de lámpara, de odios,
tuve que hacerlo
no por ley ni capricho,
sino que por cadena:
me encadenó cada nuevo camino,
le tomé gusto a tierra a toda tierra.

Y pronto dije adiós, recién llegado,
con la ternura aún recién partida
como si el pan se abriera y de repente
huyera todo el mundo de la mesa.
Así me fui de todos los idiomas,
repetí los adioses como una puerta vieja,
cambié de cine, de razón, de tumba,
me fui de todas partes a otra parte,
seguí siendo y siguiendo
medio desmantelado en la alegría,
nupcial en la tristeza,
sin saber nunca cómo ni cuándo,
listo para volver, mas no se vuelve.

Se sabe que el que vuelve no se fue,
y así la vida anduve y desanduve
mudándome de traje y de planeta,
acostumbrándome a la compañía,
a la gran muchedumbre del destierro,
bajo la soledad de las campanas.

LA PRIMAVERA

El pájaro ha venido
a dar la luz:
de cada trino suyo
nace el agua.

Y entre agua y luz que el aire desarrollan
ya está la primavera inaugurada,
ya sabe la semilla que ha crecido,
la raíz se retrata en la corola,
se abren por fin los párpados del polen.

Todo lo hizo un pájaro sencillo
desde una rama verde.

C. O. S. C.

Ha muerto este mi amigo que se llamaba Carlos,
no importa quién, no pregunten, no saben,
tenía la bondad del buen pan en la mesa
y un aire melancólico de caballero herido.

No es él y es él, es todo, es la muerte que toca
la puerta,
de puro bueno salió a abrirle Carlos,
y entre tantos que abrieron esa noche la puerta
él solo quedó afuera,
él entre tantos hombres ahora ya no vuelve.
Y su ausencia me hiere como si me llamara,
como si continuara en la sombra esperándome.

Yo si hubiera escogido para este fin de un día
un dolor entre tantos que me acechan

no hubiera separado de la noche su rostro,
injustamente hubiera pasado sin recuerdo,
sin nombrarlo, y así no hubiera muerto
para mí, su cabeza continuaría gris
y sus tranquilos ojos que ahora ya no miran
seguirían abiertos en las torres de México.

De la muerte olvidar el más reciente ramo,
desconocer el rumbo, la proa o la bodega
en que mi amigo viaja solo o amontonado
y a esta hora creerlo aún dueño del día,
aún dueño de aquella claridad sonriente,
que repartió entre tantas tareas y personas.

Escribo estas palabras en mi libro pensando
que este desnudo adiós en que no está presente,
esta carta sencilla que no tiene respuesta,
no es nada sino polvo, nube, tinta, palabras
y la única verdad es que mi amigo ha muerto.

A LA TRISTEZA

Tristeza, necesito
tu ala negra,
tanto sol, tanta miel en el topacio,
cada rayo sonríe
en la pradera
y todo es luz redonda en torno mío,
todo es abeja eléctrica en la altura.
Por eso
tu ala negra
dame,
hermana tristeza:
necesito que alguna vez se apague

el zafiro y que caiga
la oblicua enredadera de la lluvia,
el llanto de la tierra:
quiero
aquel madero roto en el estuario,
la vasta casa a oscuras
y mi madre
buscando
parafina
y llenando la lámpara
hasta no dar la luz sino un suspiro.

La noche no nacía.

El día resbalaba
hacia su cementerio provinciano,
y entre el pan y la sombra
me recuerdo
a mí mismo
en la ventana
mirando lo que no era,
lo que no sucedía
y un ala negra de agua que llegaba
sobre aquel corazón que allí tal vez
olvidé para siempre, en la ventana.

Ahora echo de menos
la luz negra.
Dame tu lenta sangre,
lluvia
fría,
dame tu vuelo atónito!
A mi pecho
devuélvele la llave
de la puerta cerrada,

destruida.
Por un minuto, por
una corta vida,
quítame luz y déjame
sentirme
perdido y miserable,
temblando entre los hilos
del crepúsculo,
recibiendo en el alma
las manos
temblorosas
de
la
lluvia.

MEMORIAL DE ISLA NEGRA

LA POESÍA

Y fue a esa edad... Llegó la poesía
a buscarme. No sé, no sé de dónde
salió, de invierno o río.
No sé cómo ni cuándo,
no, no eran voces, no eran
palabras, ni silencio,
pero desde una calle me llamaba,
desde las ramas de la noche,
de pronto entre los otros,
entre fuegos violentos
o regresando solo,
allí estaba sin rostro
y me tocaba.

Yo no sabía qué decir, mi boca
no sabía
nombrar,
mis ojos eran ciegos,
y algo golpeaba en mi alma,
fiebre o alas perdidas,
y me fui haciendo solo,
descifrando
aquella quemadura,

y escribí la primera línea vaga,
vaga, sin cuerpo, pura
tontería,
pura sabiduría
del que no sabe nada,
y vi de pronto
el cielo
desgranado
y abierto,
planetas,
plantaciones palpitantes,
la sombra perforada,
acribillada
por flechas, fuego y flores,
la noche arrolladora, el universo.

Y yo, mínimo ser,
ebrio del gran vacío
constelado,
a semejanza, a imagen
del misterio,
me sentí parte pura
del abismo,
rodé con las estrellas,
mi corazón se desató en el viento.

EL NIÑO PERDIDO

Lenta infancia de donde
como de un pasto largo
crece el duro pistilo,
la madera del hombre.

Quién fui? Qué fui? Qué fuimos?

No hay respuesta. Pasamos.
No fuimos. Éramos. Otros pies,
otras manos, otros ojos.
Todo se fue mudando hoja por hoja
en el árbol. Y en ti? Cambió tu piel,
tu pelo, tu memoria. Aquel no fuiste.
Aquel fue un niño que pasó corriendo
detrás de un río, de una bicicleta,
y con el movimiento
se fue tu vida con aquel minuto.
La falsa identidad siguió tus pasos.
Día a día las horas se amarraron,
pero tú ya no fuiste, vino el otro,
el otro tú, y el otro hasta que fuiste,
hasta que te sacaste
del propio pasajero,
del tren, de los vagones de la vida,
de la substitución, del caminante.

La máscara del niño fue cambiando,
adelgazó su condición doliente,
aquietó su cambiante poderío:
el esqueleto se mantuvo firme,
la construcción del hueso se mantuvo,
la sonrisa,
el paso, un gesto volador, el eco
de aquel niño desnudo
que salió de un relámpago,
pero fue el crecimiento como un traje!
era otro el hombre y lo llevó prestado.

Así pasó conmigo.

De silvestre
llegué a ciudad, a gas, a rostros crueles

que midieron mi luz y mi estatura,
llegué a mujeres que en mí se buscaron
como si a mí se me hubieran perdido,
y así fue sucediendo
el hombre impuro,
hijo del hijo puro,
hasta que nada fue como había sido,
y de repente apareció en mi rostro
un rostro de extranjero
y era también yo mismo:
era yo que crecía,
eras tú que crecías,
era todo,
y cambiamos
y nunca más supimos quiénes éramos,
y a veces recordamos
al que vivió en nosotros
y le pedimos algo, tal vez que nos recuerde,
que sepa por lo menos que fuimos él, que hablamos
con su lengua,
pero desde las horas consumidas
aquel nos mira y no nos reconoce.

EL OPIO EN EL ESTE

Ya desde Singapore olía a opio.
El buen inglés sabía lo que hacía.
En Ginebra tronaba
contra los mercaderes clandestinos
y en las Colonias cada puerto
echaba un tufo de humo autorizado
con número oficial y licencia jugosa.
El *gentleman* oficial de Londres
vestido de impecable ruiseñor

(con pantalón rayado y almidón de armadura)
trinaba contra el vendedor de sombras,
pero aquí en el oriente
se desenmascaraba
y vendía el letargo en cada esquina.

Quise saber. Entré. Cada tarima
tenía su yacente,
nadie hablaba, nadie reía, creí
que fumaban en silencio.
Pero chasqueaba junto a mí la pipa
al cruzarse la llama con la aguja
y en esa aspiración de la tibieza
con el humo lechoso entraba al hombre
una estática dicha, alguna puerta lejos
se abría hacia un vacío suculento:
era el opio la flor de la pereza,
el goce inmóvil,
la pura actividad sin movimiento.

Todo era puro o parecía puro,
todo en aceite y gozne resbalaba
hasta llegar a ser solo existencia,
no ardía nada, ni lloraba nadie,
no había espacio para los tormentos
y no había carbón para la cólera.

Miré: pobres caídos,
peones, *coolies* de *ricksha* o plantación,
desmedrados trotantes,
perros de calle,
pobres maltratados.
Aquí, después de heridos,
después de ser no seres sino pies,
después de no ser hombres sino brutos de carga,

después de andar y andar y sudar y sudar
y sudar sangre y ya no tener alma,
aquí estaban ahora,
solitarios,
tendidos,
los yacentes por fin, los pata dura:
cada uno con hambre había comprado
un oscuro derecho a la delicia,
y bajo la corola del letargo,
sueño o mentira, dicha o muerte, estaban
por fin en el reposo que busca toda vida,
respetados, por fin, en una estrella.

EL MAR

Necesito del mar porque me enseña:
no sé si aprendo música o conciencia:
no sé si es ola sola o ser profundo
o solo ronca voz o deslumbrante
suposición de peces y navíos.
El hecho es que hasta cuando estoy dormido
de algún modo magnético circulo
en la universidad del oleaje.

No son solo las conchas trituradas
como si algún planeta tembloroso
participara paulatina muerte,
no, del fragmento reconstruyo el día,
de una racha de sal la estalactita
y de una cucharada el dios inmenso.

Lo que antes me enseñó lo guardo! Es aire,
incesante viento, agua y arena.

Parece poco para el hombre joven
que aquí llegó a vivir con sus incendios,
y sin embargo el pulso que subía
y bajaba a su abismo,
el frío del azul que crepitaba,
el desmoronamiento de la estrella,
el tierno desplegarse de la ola
despilfarrando nieve con la espuma,
el poder quieto, allí, determinado
como un trono de piedra en lo profundo,
sustituyó el recinto en que crecían
tristeza terca, amontonado olvido,
y cambió bruscamente mi existencia:
di mi adhesión al puro movimiento.

INSOMNIO

En medio de la noche me pregunto,
qué pasará con Chile?
Qué será de mi pobre patria oscura?

De tanto amar esta nave delgada,
estas piedras, estos terrones,
la persistente rosa
del litoral que vive con la espuma,
llegué a ser uno solo con mi tierra,
conocí a cada uno de sus hijos
y en mí las estaciones caminaban
sucesivas, llorando o floreciendo.

Siento que ahora, apenas
cruzado el año muerto de las dudas,
cuando el error que nos desangró a todos
se fue y empezamos a sumar de nuevo

lo mejor, lo más justo de la vida,
aparece de nuevo la amenaza
y en el muro el rencor enarbolado.

EXILIO

Entre castillos de piedra cansada,
calles de Praga bella,
sonrisas y abedules siberianos,
Capri, fuego en el mar, aroma
de romero amargo
y el último, el amor,
el esencial amor se unió a mi vida
en la paz generosa,
mientras tanto,
entre una mano y otra mano amiga
se iba cavando un agujero oscuro
en la piedra de mi alma
y allí mi patria ardía
llamándome, esperándome, incitándome
a ser, a preservar, a padecer.

El destierro es redondo:
un círculo, un anillo:
le dan vuelta a tus pies, cruzas la tierra,
no es tu tierra,
te despierta la luz, y no es tu luz,
la noche llega: faltan tus estrellas,
hallas hermanos: pero no es tu sangre.
Eres como un fantasma avergonzado
de no amar más a los que tanto te aman,
y aún es tan extraño que te falten
las hostiles espinas de tu patria,
el ronco desamparo de tu pueblo,

los asuntos amargos que te esperan
y que te ladrarán desde la puerta.

Pero con corazón irremediable
recordé cada signo innecesario
como si solo deliciosa miel
se anidara en el árbol de mi tierra
y esperé en cada pájaro
el más remoto trino,
el que me despertó desde la infancia
bajo la luz mojada.
Me pareció mejor la tierra pobre
de mi país, el cráter, las arenas,
el rostro mineral de los desiertos
que la copa de luz que me brindaron.
Me sentí solo en el jardín, perdido:
fui un rústico enemigo de la estatua,
de lo que muchos siglos decidieron
entre abejas de plata y simetría.

Destierros! La distancia
se hace espesa,
respiramos el aire por la herida:
vivir es un precepto obligatorio.
Así es de injusta el alma sin raíces:
rechaza la belleza que le ofrecen:
busca su desdichado territorio:
y solo allí el martirio o el sosiego.

OH TIERRA, ESPÉRAME

Vuélveme oh sol
a mi destino agreste,
lluvia del viejo bosque,

devuélveme el aroma y las espadas
que caían del cielo,
la solitaria paz de pasto y piedra,
la humedad de las márgenes del río,
el olor del alerce,
el viento vivo como un corazón
latiendo entre la huraña muchedumbre
de la gran araucaria.

Tierra, devuélveme tus dones puros,
las torres del silencio que subieron
de la solemnidad de sus raíces:
quiero volver a ser lo que no he sido,
aprender a volver desde tan hondo
que entre todas las cosas naturales
pueda vivir o no vivir: no importa
ser una piedra más, la piedra oscura,
la piedra pura que se lleva el río.

LA NOCHE

Quiero no saber ni soñar.
Quién puede enseñarme a no ser,
a vivir sin seguir viviendo?

Cómo continúa el agua?
Cuál es el cielo de las piedras?

Inmóvil hasta que detengan
las migraciones su destino
y luego viajen en el viento
de los archipiélagos fríos.

Inmóvil con secreta vida

como una ciudad subterránea
que se fatigó de sus calles,
que se escondió bajo la tierra
y ya nadie sabe que existe,
no tiene manos ni almacenes,
se alimenta de su silencio.

Alguna vez ser invisible,
hablar sin palabras, oír
solo ciertas gotas de lluvia,
solo el vuelo de cierta sombra.

POR FIN NO HAY NADIE

Por fin no hay nadie, no, no hay voz ni boca,
no hay ojos, manos, pies: todos se fueron,
el día limpio corre con un aro,
el aire frío es un metal desnudo.
Sí, metal, aire y agua, y amarilla
inflorescencia, espesa en su racimo,
algo más, lo tenaz de su perfume,
el patrimonio puro de la tierra.

Dónde está la verdad? Pero la llave
se extravió en un ejército de puertas
y allí está entre las otras,
sin hallar
nunca más
su cerradura.

Por fin,
por eso no hay dónde perder
la llave, la verdad ni la mentira.

Aquí
no hay calle, nadie tiene puertas,
solo con un temblor se abre la arena.
Y se abre todo el mar, todo el silencio,
el espacio con flores amarillas,
se abre el perfume ciego de la tierra
y como no hay caminos
no vendrá nadie, solo
la soledad que suena
con canto de campana.

EL EPISODIO (FRAGMENTO)

Hoy otra vez buenos días, razón,
como un antepasado y sin duda tal vez
como los que vendrán al trabajo mañana
con una mano toman la herramienta
y con todas las manos el decoro.

Sin ellos tambaleaban los navíos,
las torres no ocultaban su amenaza,
los pies se le enredaban al viajero:
ay, esta humanidad que pierde el rumbo
y vocifera el muerto, tirándola hacia atrás,
hacia la ineptitud de la codicia,
mientras el equilibrio se cubre con la cólera
para restituir la razón del camino.

Hoy otra vez, aquí me tienes, compañero:
con un sueño más dulce que un racimo
atado a ti, a tu suerte, a tu congoja.

Debo abolir orgullo, soledad, desvarío,

atenerme al recinto comunal y volver
a sostener el palio común de los deberes.

Yo sé que puedo abrir el delirio inocente
del casto ser perdido entre palabras
que dispone de entradas falsas al infierno,
pero para ese juego nacieron los saciados:
mi poesía es aún un camino en la lluvia
por donde pasan niños descalzos a la escuela
y no tengo remedio sino cuando me callo:
si me dan la guitarra canto cosas amargas.

ATENCIÓN AL MERCADO

Atención al Mercado,
que es mi vida!

Atención al Mercado,
compañeros!

Cuidado con herir
a los pescados!
Ya a plena luna, entre las traiciones
de la red invisible, del anzuelo,
por mano de pescante pescador
fallecieron, creían
en la inmortalidad
y aquí los tienes
con escamas y vísceras, la plata con la sangre
en la balanza.

Cuidado con las aves!
No toques esas plumas
que anhelaron el vuelo,

el vuelo
que tú también, tu propio
pequeño corazón se proponía.
Ahora son sagradas:
pertenecen
al polvo de la muerte y al dinero:
en esa dura paz ferruginosa
se encontrarán de nuevo con tu vida
alguna vez, pero no vendrá nadie
a verte muerto, a pesar de tus virtudes,
no pondrán atención en tu esqueleto.

Atención al color de las naranjas,
al esencial aroma de la menta,
a la pobre patata en su envoltorio,
atención
a la verde
lechuga presurosa,
al afilado ají con su venganza,
a la testicularia berenjena,
al rábano escarlata, pero frío,
al apio que en la música se enrosca.

Cuidado con el queso!
No vino aquí solo para venderse:
vino a mostrar el don de su materia,
su inocencia compacta,
el espesor materno
de su geología.

Cuidado cuando llegan las castañas,
enmaderadas lunas del estuche
que fabricó el otoño a la castaña,
a la flor de la harina que aprisiona
en cofres de caoba invulnerable.

Atención al cuchillo de Mercado
que no es el mismo de la ferretería:
antes estaba ahogado
como el pez, detenido en su paquete,
en la centena de igualdad tremenda:
aquí en la feria brilla y canta y corta,
vive otra vez en la salud del agua.

Pero si los frejoles
fueron bruñidos por la madre suave
y la naturaleza
los suavizó como a uñas de sus dedos,
luego los desgranó y a la abundancia
le dio multiplicada identidad.

Porque si las gallinas
de mano a mano cruzan y aletean
no es solo cruel la petición humana
que en el degüello afirmará su ley,
también en los cepillos espinosos
se agruparán las zarzas vengativas
y como espinas picarán los clavos
buscando a quien pudieran coronar
con martirio execrable y religioso.

Pero ríe el tomate a todo labio.
Se abunda, se desmaya la delicia
de su carne gozosa
y la luz vertical entra a puñales
en la desnuda prole tomatera,
mientras la palidez de las manzanas
compite con el río de la aurora
de donde sale el día a su galope,
a su guerra, a su amor, a sus cucharas.

No olvido los embudos,
ellos son el olvido del guerrero,
son los cascos del vino,
siempre beligerante, ronco y rojo,
nunca por enemigos desarmado,
sin que olvide jamás el primer paso
que diera descendiendo
la pequeña montaña del embudo.
Aún recuerda el corazón purpúreo
el vino que baja del tonel
como desde un volcán el suave fuego.

El Mercado, en la calle,
en el Valparaíso serpentino,
se desarrolla como un cuerpo verde
que corre un solo día, resplandece,
y se traga la noche
el vegetal relámpago
de las mercaderías,
la torpe y limpia ropa
de los trabajadores,
los intrincados puestos
de incomprensibles hierros:
todo a la luz de un día:
todo en la rapidez desarrollado,
desgranado, vendido, transmitido
y desaparecido como el humo.

Parecían eternos los repollos,
sentados en el ruedo de su espuma
y las peludas balas
de las indecorosas zanahorias
defendían tal vez el absoluto.

Vino una vieja, un hombre pequeñito,

una muchacha loca con un perro,
un mecánico de la refinería,
la textil Micaela, Juan Ramírez,
y con innumerables Rafaeles,
con Marías y Pedros y Matildes,
con Franciscos, Armandos y Rosarios,
Ramones, Belarminos,
con los brazos del mar y con las olas,
con la crepitación, con el estímulo
y con el hambre de Valparaíso
no quedaron repollos ni merluzas:
todo se fue, se lo llevó el gentío,
todo fue boca a boca descendido
como si un gran tonel se derramara
y cayó en la garganta de la vida
a convertirse en sueño y movimiento.

Termino aquí, Mercado. Hasta mañana.
Me llevo esta lechuga.

LAS COMUNICACIONES

Muerte a los subterráneos! decreté.

Hasta cuándo engañarse con la cara cerrada
y ojos hacia no ver, hacia dormir.
No es necesario nada sino ser
y ser es a la luz, ser es ser visto
y ver, ser es tocar y descubrir.

Abajo todo el que no tiene flor!

De nada sirven solo las raíces!

No hay que vivir royendo
la piedra submarina
ni el cristal
ahogado
de la noche:
hay que crecer y levantar bandera,
hacer fuego en la isla
y que conteste
el dormido navegante,
que despierte
y responda
a la súbita hoguera
que allí nació en la costa hasta ahora oscura:
nació del patrimonio luminoso,
de comunicación a fundamento,
hasta que no hay oscuridad, y somos:
somos con otros hombres y mujeres:
a plena luz amamos,
a pleno amor nos ven y eso nos gusta:
sin silencio es la vida verdadera.

Solo la muerte se quedó callada.

ARTE DE PÁJAROS

PAJARINTOS

ALBATROS ERRANTE
Diomedea exulans

En alta mar navega el viento
dirigido por el albatros:
esa es la nave del albatros:
cruza, desciende, danza, sube,
se suspende en la luz oscura,
toca las torres de la ola,
anida en la hirviente argamasa
del desordenado elemento
mientras la sal lo condecora
y silba la espuma frenética,
resbala volando el albatros
con sus grandes alas de música
dejando sobre la tormenta
un libro que sigue volando:
es el estatuto del viento.

CÓNDOR
Vultur gryphus

En su ataúd de hierro vive
entre las piedras oxidadas
nutriéndose de herraduras.

En los montes el cierzo aúlla
con silbido de proyectil
y sale el cóndor de su caja,
afila en la roca sus garras,
extiende el místico plumaje,
corre hasta que no puede más,
galopa la cóncava altura
con sus alas ferruginosas
y picotea el cinc del cielo
acechando un signo sangriento:
el punto inmóvil, el latido
del corazón que se prepara
a morir y ser devorado.

Vuela bajando el ciclón negro
y cae como un puño cruel:
la muerte esperaba allá abajo.

Arriba, crueles cordilleras,
como cactus ensangrentados
y el cielo de color amargo.

Sube de nuevo a su morada,
cierra las alas imperiosas
y otra vez extendido duerme
en su ataúd abominable.

INTERMEDIO

EL VUELO

El alto vuelo sigo
con mis manos:
honor del cielo, el pájaro
atraviesa
la transparencia, sin manchar el día.

Cruza el Oeste palpitando y sube
por cada grada hasta el desnudo azul:
todo el cielo es su torre
y limpia el mundo con su movimiento.

Aunque el ave violenta
busque sangre en la rosa del espacio
aquí está su estructura:
flecha y flor es el pájaro en su vuelo
y en la luz se reúnen
sus alas con el aire y la pureza.

Oh plumas destinadas
no al árbol, ni a la hierba, ni al combate,

ni a la atroz superficie,
ni al taller sudoroso,
sino a la dirección y a la conquista
de un fruto transparente!

El baile de la altura
con los trajes nevados
de la gaviota, del petrel, celebro,
como si yo estuviera
perpetuamente entre los invitados:
tomo parte
en la velocidad y en el reposo,
en la pausa y la prisa de la nieve.

Y lo que vuela en mí se manifiesta
en la ecuación errante de sus alas.

Oh viento junto al férreo
vuelo del cóndor negro, por la bruma!
Silbante viento que traspuso el héroe
y su degolladora cimitarra:
tú guardas el contacto
del duro vuelo como una armadura
y en el cielo repites su amenaza
hasta que todo vuelve a ser azul.

Vuelo de la saeta
que es la misión de cada golondrina,
vuelo del ruiseñor con su sonata
y de la cacatúa y su atavío!

Vuelan en un cristal los colibríes
conmoviendo esmeraldas encendidas
y la perdiz sacude
el alma verde

de la menta volando en el rocío.

Yo que aprendí a volar, con cada vuelo
de profesores puros
en el bosque, en el mar, en las quebradas,
de espaldas en la arena
o en los sueños,
me quedé aquí, amarrado
a las raíces,
a la madre magnética, a la tierra,
mintiéndome a mí mismo
y volando
solo dentro de mí,
solo y a oscuras.

Muere la planta y otra vez se entierra,
vuelven los pies del hombre al territorio,
solo las alas huyen de la muerte.

El mundo es una esfera de cristal,
el hombre anda perdido si no vuela
no puede comprender la transparencia.

Por eso yo profeso
la claridad que nunca se detuvo
y aprendí de las aves
la sedienta esperanza,
la certidumbre y la verdad del vuelo.

PERDIZ
Nothoprocta perdicaria

Exhalación! Corrió, voló,
patinó con un aleteo

y quedó temblando el aroma
a la orilla de la quebrada,
quedó temblando el rocío,
los cereales soñolientos,
la mañana que se peinaba
perdió una flor de su diadema:
olía a estiércol el domingo
y a cada súbito estampido,
a cada grito de la pólvora,
el cielo no parpadeaba.

Pero, tal vez, de las raíces,
del suelo brotó la perdiz
y sonaron sus alas secas:
pasó volando su perfume
como el alma de la barranca:
un beso de musgo y de polvo,
un movimiento matorral,
la topa topa fulguró
con sus regalos amarillos
en el aire azul, la perdiz
perdió su plumaje de polvo
y se convirtió en aire azul.

PICAFLOR II
Sephanoides II

El colibrí de siete luces,
el picaflor de siete flores,
busca un dedal donde vivir:
son desgraciados sus amores
sin una casa donde ir
lejos del mundo y de las flores.

Es ilegal su amor, señor,
vuelva otro día y a otra hora:
debe casarse el picaflor
para vivir con picaflora:
yo no le alquilo este dedal
para este tráfico ilegal.

El picaflor se fue por fin
con sus amores al jardín
y allí llegó un gato feroz
a devorarlos a los dos:
el picaflor de siete flores,
la picaflora de colores:
se los comió el gato infernal
pero su muerte fue legal.

PAJARANTES

EL PÁJARO YO
Pablo insulidae nigra

Me llamo pájaro Pablo,
ave de una sola pluma,
volador de sombra clara
y de claridad confusa,
las alas no se me ven,
los oídos me retumban
cuando paso entre los árboles
o debajo de las tumbas
cual un funesto paraguas
o como espada desnuda,
estirado como un arco
o redondo como una uva,
vuelo y vuelo sin saber,
herido en la noche oscura,
quiénes me van a esperar,
quiénes no quieren mi canto,
quiénes me quieren morir,
quiénes no saben que llego
y no vendrán a vencerme,

a sangrarme, a retorcerme
o a besar mí traje roto
por el silbido del viento.

Por eso vuelvo y me voy,
vuelo y no vuelo pero canto:
soy el pájaro furioso
de la tempestad tranquila.

LA BARCAROLA

RESURRECCIÓN

Yo me disminuyo en cada día que corre y que cae,
como si naciera: es el alba en mi sangre: sacudo la ropa,
se enredan las ramas del roble, corona el rocío con siete
diademas mis recién nacidas orejas,
en el mediodía reluzco como una amapola en un traje de
luto,
más tarde la luz ferroviaria que huyó transmigrando los
archipiélagos
se agarra a mis pies invitándome a huir con los trenes
que alargan el día de Chile por una semana
y cuando saciada la sombra con el luminoso alimento
estática se abre mostrando en su seno moreno la punta
de Venus
yo duermo hecho noche, hecho niño o naranja,
extinto y preñado del nuevo dictamen del día.

SONATA

Oh clara de luna, oh estatua pequeña y oscura,
oh sal, oh cuchara que saca el aroma del mundo y lo
vuelca en mis venas,
oh cántara negra que canta a la luz del rocío,

oh piedra del río enterrado de donde volaba y volvía la noche,
oh pámpana de agua, peral de cintura fragante,
oh tesorería del bosque, oh paloma de la primavera,
oh tarjeta que deja el rocío en los dedos de la madreselva,
oh metálica noche de Agosto con argollas de plata en el cielo,
oh mi amor, te pareces al tren que atraviesa el otoño en Temuco,
oh mi amada perdida en mis manos como una sortija en la nieve,
oh entendida en las cuerdas del viento color de guitarra
que desciende de las cordilleras, junto a Nahuelbuta llorando,
oh función matinal de la abeja buscando un secreto,
oh edificio que el ámbar y el agua construyeron para que habitara
yo exigente inquilino que olvida la llave y se duerme a la puerta,
oh corneta llevada en la grupa celestial del tritón submarino,
oh guitarra de greda sonando en la paz polvorienta de Chile,
oh cazuela de aceite y cebolla, vaporosa, olorosa, sabrosa,
oh expulsada de la geometría por arte de nube y cadera,
oh máquina de agua, oh reloja de pajarería,
oh mi amorosa, mi negra, mi blanca, mi pluma, mi escoba,
oh mi espada, mi pan y mi miel, mi canción, mi silencio, mi vida.

Hermoso es Septiembre en mi patria cubierto con una corona de mimbre y violetas
y con un canasto colgando en los brazos colmado de dones terrestres:
Septiembre adelanta sus ojos mapuches matando el invierno
y vuelve el chileno a la resurrección de la carne y el vino.
Amable es el Sábado y apenas se abrieron las manos del Viernes
voló transportando ciruelas y caldos de luna y pescado.

Oh amor en la tierra que tú recorrieras, que yo atravesamos
no tuve en mi boca un fulgor de sandía como en Talagante
y en vano busqué entre los dedos de la geografía
el mar clamoroso, el vestido que el viento y la piedra otorgaron a Chile,
y no hallé duraznos de Enero redondos de luz y delicia
como el terciopelo que guarda y desgrana la miel de mi patria.
Y en los matorrales del Sur sigiloso conozco el rocío
por sus penetrantes diamantes de menta, y me embriaga el aroma
del vino central que estalló desde tu cinturón de racimos
y el olor de tus aguas pesqueras que te llena de olfato
porque se abren las valvas del mar en tu pecho de plata abundante,
y encumbrado arrastrando los pies cuando marcho en los montes más duros
yo diviso en la nieve invencible la razón de tu soberanía.

DIÁLOGO AMOROSO

VOZ DE MURIETA:

Todo lo que me has dado ya era mío
y a ti mi libre condición someto.
Soy un hombre sin pan ni poderío:
solo tengo un cuchillo y mi esqueleto.

Crecí sin rumbo, fui mi propio dueño
y comienzo a saber que he sido tuyo
desde que comencé con este sueño:
antes no fui sino un montón de orgullo.

VOZ DE TERESA:

Soy campesina de Coihueco arriba
llegué a la nave para conocerte:
te entregaré mi vida mientras viva
y cuando muera te daré mi muerte.

VOZ DE MURIETA:

Tus brazos son como los alhelíes
de Carampangue y por tu boca huraña
me llama el avellano y los raulíes.
Tu pelo tiene olor a las montañas.

Acuéstate otra vez a mi costado
como agua del estero puro y frío
y dejarás mi pecho perfumado
a madera con sol y con rocío.

VOZ DE TERESA:

Es verdad que el amor quema y separa?
Es verdad que se apaga con un beso?

VOZ DE MURIETA:

Preguntar al amor es cosa rara,
es preguntar cerezas al cerezo.

Yo conocí los trigos de Rancagua,
viví como una higuera en Melipilla.
Cuanto conozco lo aprendí del agua,
del viento, de las cosas más sencillas.

Por eso a ti, sin aprender la ciencia,
te vi, te amé y te amo, bienamada.
Tú has sido, amor, mi única impaciencia,
antes de ti no quise tener nada.

Ahora quiero el oro para el muro
que debe defender a tu belleza:
por ti será dorado y será duro
mi corazón como una fortaleza.

VOZ DE TERESA:

Solo quiero el baluarte de tu altura
y solo quiero el oro de tu arado,
solo la protección de tu ternura:
mi amor es un castillo delicado
y mi alma tiene en ti sus armaduras:
la resguarda tu amor enamorado.

VOZ DE MURIETA:

Me gusta oír tu voz que corre pura
como la voz del agua en movimiento
y ahora solo tú y la noche oscura.
Dame un beso, mi amor, estoy contento.
Beso a mi tierra cuando a ti te beso.

VOZ DE TERESA:

Volveremos a nuestra patria dura
alguna vez.

VOZ DE MURIETA:

El oro es el regreso.

LAS MANOS DEL DÍA

1

EL VACÍO

Y cómo se hace el mar?
Yo no hice el mar:
lo encontré en sus salvajes
oficinas,
lo hallé dispuesto a todo,
crepitante,
pacífico,
atlántico de plomo,
mediterráneo
teñido de anilina:
todo era blanco y hondo,
hirviente y permanente,
tenía olas, ovarios,
naves muertas,
latía
su organismo.

Lo medí entre las rocas
de la tierra asombrada
y dije, no lo hice,
no lo hice yo, ni nadie:

en ese nadie soy
un sirviente inservible,
como un molusco roto
por los dientes del mar.

No hice la sal dispersa
ni el viento coronado
por la racha que rompe la blancura
no, no hice
la luz del agua ni el beso que estremece
la nave con sus labios de batalla,
ni de la arena las demoliciones,
ni el movimiento que envolvió en silencio
a la ballena y sus procreaciones.

Yo fui alejado
de estos infinitos:
ni un solo dedo de mis semejantes
tembló en el agua urgiendo la existencia
y vine a ser testigo
de la más tempestuosa soledad
sin más que ojos vacíos
que se llenaron de olas,
y que se cerrarán
en el vacío.

2

LAS MANOS NEGATIVAS

Cuándo me vio ninguno
cortando tallos, aventando el trigo?
Quién soy, si no hice nada?
Cualquiera, hijo de Juan,

tocó el terreno
y dejó caer algo
que entró como la llave
entra en la cerradura
y la tierra se abrió de par en par.

Yo no, no tuve tiempo,
ni enseñanza:
guardé las manos limpias
del cadáver urbano,
me despreció la grasa de las ruedas,
el barro inseparable de las costumbres claras
se fue a habitar sin mí las provincias silvestres:
la agricultura nunca se ocupó de mis libros
y sin tener qué hacer, perdido en las bodegas,
reconcentré mis pobres preocupaciones
hasta que no viví sino en las despedidas.

Adiós dije al aceite, sin conocer la oliva,
y al tonel, un milagro de la naturaleza,
dije también adiós porque no comprendía
cómo se hicieron tantas cosas sobre la tierra
sin el consentimiento de mis manos inútiles.

3

CICLO

Se repite una vez, más hacia el fondo,
la húmeda primavera:
mete los dedos entre las raíces
toca el hombre escondido.

Yo dormía allá abajo,
yo dormía.

Abre sus labios verdes,
se levanta:
es hombre, o planta, o río,
es ávida cintura,
es boca de agua.

Llegó la hora,
existo,
soy de luz y de arena.

Quién viene a verme? Nadie!

Yo soy nadie.

Y por qué este aire azul?

Yo soy azul.

En la rama una rosa?

Yo la enciendo.

4

EL SOL

Ya se sabe: la lluvia
lavó y borró los nombres.

Nadie se llama nada.

El agua impuso
un fin,
un comienzo,
una estrella apagada
en donde
no
tienen nombre
los días
ni los reinos,
ni el río.

Esto no se sabía
hasta que todos
yendo y viniendo
de sus
obligaciones
indicaban las plazas
con el dedo
y averiguaban en las librerías
la historia y geografía
de la región borrada
por la lluvia.

Hasta que el sol bajó
de su frontera
y fue escribiendo
nombres
amarillos
sobre todas las cosas
de este mundo.

5

CASA DE MÁNTARAS EN PUNTA DEL ESTE

Cuántas cosas caen del pino,
bigotes verdes,
música,
piñas como peñascos
o armadillos
o como libros para deshojar.

También cayó en mi cara
el pétalo sutil
que sujetaba una semilla negra:
era un ala himenóptera
del pino,
una transmigración
de suavidades
en que el vuelo se unía
a las raíces.

Caen
gotas del árbol,
puntuaciones,
vocales, consonantes,
violines,
cae lluvia,
silencio,
todo cae del pino,
del aire vertical:
cae el aroma,
la sombra acribillada
por el día,
la noche clara
como leche de luna,

la noche negra
como aquella ausencia.

Amanece.

Y cae
un nuevo día
desde lo alto del pino,
cae con su reloj,
con sus agujas
y sus agujeros,
y anocheciendo cosen
las agujas del pino
otra noche a la luz,
otro día a la noche.

6

EL VINO

Esta es mi copa, ves
brillar la sangre
detrás del filo del cristal?
Esta es mi copa, brindo
por la unidad
del vino,
por la luz desgranada,
por mi destino y por otros destinos,
por lo que tuve y por lo que no tuve,
y por la espada de color de sangre
que canta con la copa transparente.

7

YO NO SÉ NADA

En el perímetro y la exactitud
de ciencias inexactas, aquí estoy, compañeros,
sin saber explicar estos vocablos
que se trasladan poco a poco al cielo
y que prueban robustas existencias.

De nada nos valió
enterrar el avestruz en la cabeza,
o hacernos agujeros en la tierra.
«No hay nada que saber, se sabe todo».
«No nos molesten con la geometría».

Lo cierto es que una abstracta incertidumbre
sale de cada caos que regresa
cada vez a ser orden,
y qué curioso, todo
comienza con palabras,
nuevas palabras que se sientan solas
a la mesa, sin previa invitación,
palabras detestables que tragamos
y que se meten en nuestros armarios,
en nuestras camas, en nuestros amores,
hasta que son, hasta que comienza
otra vez el comienzo por el verbo.

AÚN

1

Nosotros, los perecederos, tocamos los metales,
el viento, las orillas del océano, las piedras,
sabiendo que seguirán, inmóviles o ardientes,
y yo fui descubriendo, nombrando todas las cosas:
fue mi destino amar y despedirme.

2

Cada uno en el saco más oculto guardó
las alhajas perdidas del recuerdo,
intenso amor, noches secretas o besos permanentes,
el trozo de dicha pública o privada.
Algunos, retozones, coleccionaron caderas,
otros hombres amaron la madrugada escarbando
cordilleras o témpanos, locomotoras, números.
Para mí la dicha fue compartir cantando,
alabando, imprecando, llorando con mil ojos.
Pido perdón por mi mal comportamiento:
no tuvo utilidad mi gestión en la tierra.

3

Si hay una piedra devorada
en ella tengo parte:
estuve yo en la ráfaga,
en la ola,
en el incendio terrestre.

Respeta esa piedra perdida.

Si hallas en un camino
a un niño
robando manzanas.
y a un viejo sordo
con un acordeón,
recuerda que yo soy
el niño, las manzanas y el anciano.
No me hagas daño persiguiendo al niño,
no le pegues al viejo vagabundo,
no eches al río las manzanas.

FIN DEL MUNDO

EL MISMO

Me costó mucho envejecer,
acaricié la primavera
como a un mueble recién comprado,
de madera olorosa y lisa,
y en sus cajones escondidos
acumulé la miel salvaje.

Por eso sonó la campana
llevándose a todos los muertos
sin que la oyera mi razón:
uno se acostumbra a su piel,
a su nariz, a su hermosura,
hasta que de tantos veranos
se muere el sol en su brasero.

Mirando el saludo del mar
o su insistencia en el tormento
me quedé volando en la orilla
o sentado sobre las olas
y guardo de este aprendizaje
un aroma verde y amargo
que acompaña mis movimientos.

LOS DESAPARECIDOS

Lumumba desaparecido,
pregunto, dónde está Ben Bella?
Ben Barka desapareció.

Y así este siglo pululado
por los diestros y los siniestros
ladrones de hombres, usurpantes,
secuestradores y asesinos.

Lumumba va con su razón,
su deslumbrante geometría
por las nubes de la tortura
entregado a los sanguinarios.

África amarga, dónde están
sus delgadas manos morenas?
Cómo entregaste a los verdugos
la flor negra de tu derecho?

Ben Barka en medio de París
condenado a morir a oscuras
por monarquías y burdeles,
crucificado en el silencio
de esta época de agonía!

Ben Bella que la ira llevó
en una oscura ola callada
hacia el secreto, y no volvió
de la eternidad de la arena.

Yo prefiero el ruido escarlata
de las ametralladoras
en el infierno de Chicago

de los hombres sin Dios ni ley,
a estos guantes que se movieron
sin manos, para estrangular,
a estas cabezas sin mirada
que buscan en la noche cruel
corazones de héroes perdidos.

Oh silencio! Oh terror! Adiós!

No queda nada, ya lavaron
las gradas del crimen. Se fueron.

Fueron secretas las condenas
y los verdugos invisibles.

A nosotros nos tocó ver
en vez de la luna en la noche
paseando el cielo como un astro
la dentadura de la muerte.

SIEMPRE NACER

El sol nace de su semilla
a su esplendor obligatorio,
lava con luz el universo,
se acuesta a morir cada día
bajo las sábanas oscuras
de la noche germinadora
y para nacer otra vez
deja su huevo en el rocío.

Pido que mi resurrección
también sea reproductiva,
sea solar y delicada,

pero necesito dormir
en las sábanas de la luna
procreando modestamente
mis propias substancias terrestres.

Quiero extenderme en el vacío
desinteresado del viento
y propagarme sin descanso
en los cuarenta continentes,
nacer en formas anteriores,
ser camello, ser codorniz,
ser campanario en movimiento,
hoja del agua, gota de árbol,
araña, ballena del cielo
o novelista tempestuoso.

Ya sé que mi inmovilidad
es la garantía invisible
de todo el establecimiento:
si cambiamos de zoología
no nos admiten en el cielo.

Por eso sentado en mi piedra
veo girar sobre mis sueños
los helicópteros que vuelven
de sus estrellas diminutas
y no necesito contarlos,
siempre hay algunos en exceso,
sobre todo en la primavera.

Y si me voy por los caminos
recurro al aroma olvidado
de una rosa deshabitada,
de una fragancia que perdí
como se extravía la sombra:

me quedé sin aquel amor
desnudo en medio de la calle.

HOY ES TAMBIÉN

Florece este día de invierno
con una sola rosa muerta,
la noche prepara su nave,
caen los pétalos del cielo
y sin rumbo vuelve la vida
a recogerse en una copa.

Yo no sé decir de otro modo:
la noche negra, el día rojo,
y recibo las estaciones
con cortesía de poeta:
espero puntual la llegada
de las verbales golondrinas
y monto una guardia de acero
frente a las puertas del otoño.

Por eso el invierno imprevisto
me sobrecoge en su accidente
como el humo desalentado
del recuerdo de una batalla:
no es la palabra *padecer*,
no es *escarmiento*, no es *desdicha*,
es como un sonido en la selva,
como un tambor bajo la lluvia.
Lo cierto es que cambia mi tema
con el color de la mañana.

RESURRECCIONES

Si alguna vez vivo otra vez
será de la misma manera
porque se puede repetir
mi nacimiento equivocado
y salir con otra corteza
cantando la misma tonada.

Y por eso, por si sucede,
si por un destino indostánico
me veo obligado a nacer,
no quiero ser un elefante,
ni un camello desvencijado,
sino un modesto langostino,
una gota roja del mar.

Quiero hacer en el agua amarga
las mismas equivocaciones:
ser sacudido por la ola
como ya lo fui por el tiempo
y ser devorado por fin
por dentaduras del abismo,
así como fue mi experiencia
de negros dientes literarios.

Pasear con antenas de cobre
en las antárticas arenas
del litoral que amé y viví,
deslizar un escalofrío
entre las algas asustadas,
sobrevivir bajo los peces
escondiendo el caparazón
de mi complicada estructura,

así es como sobreviví
a las tristezas de la tierra.

EL QUE BUSCÓ

Salí a encontrar lo que perdí
en las ciudades enemigas:
me cerraban calles y puertas,
me atacaban con fuego y agua,
me disparaban excrementos.
Yo solo quería encontrar
juguetes rotos en los sueños,
un caballito de cristal
o mi reloj desenterrado.

Nadie quería comprender
mi melancólico destino,
mi desinterés absoluto.

En vano expliqué a las mujeres
que no quería robar nada,
ni asesinar a sus abuelas.
Daban gritos de miedo al ver
que yo salía de un armario
o entraba por la chimenea.

Sin embargo, por largos días
y noches de lluvia violeta
mantuve mis expediciones:
furtivamente atravesé
a través de techos y tejas
aquellas mansiones hostiles
y hasta debajo de la alfombra
luché y luché contra el olvido.

Nunca encontré lo que buscaba.

Nadie tenía mi caballo,
ni mis amores, ni la rosa
que perdí como tantos besos
en la cintura de mi amada.

Fui encarcelado y malherido.
incomprendido y lesionado
como un malhechor evidente
y ahora no busco mi sombra.
Soy tan serio como los otros,
pero me falta lo que amé:
el follaje de la dulzura
que se desprende hoja por boja
hasta que te quedas inmóvil,
verdaderamente desnudo.

MORIR

Cómo apartarse de uno mismo
(sin desconocerse tampoco):
abrir los cajones vacíos,
depositar el movimiento,
el aire libre, el viento verde,
y no dejar a los demás
sino una elección en la sombra,
una mirada en ascensor
o algún retrato de ojos muertos?

De alguna manera oficial
hay que establecer una ausencia
sin que haya nada establecido,
para que la curiosidad

sienta una ráfaga en la cara
cuando destapen la oratoria
y hallen debajo de los pies
la llamarada del ausente.

LA ESPADA ENCENDIDA

ALGUIEN

Se movía, era un hombre,
el primer hombre.
Se hizo los ojos para defenderse.
Se hizo las manos para defenderse.
Se hizo el cráneo para defenderse.
Luego se hizo las tripas
para conservarse.

Tembló de miedo, solo
entre el sol y la sombra,

Algo cayó como una fruta muerta,
algo corrió en la luz como un reptil.
Le nacieron los pies para escapar,
pero crecieron nuevas amenazas.

Y tuvo tanto miedo que encontró a una mujer
parecida a un erizo, a una castaña.
Era un ser comestible
pero aquel hombre la necesitaba
porque eran los dos únicos,
eran los renacidos de la tierra
y tenían que amarse o destruirse.

LOS DIOSES

El hombre se llama Rhodo
y la mujer Rosía.

Conducían la nave,
dirigían el mundo de la nave:
de pronto allí, cerca de la cascada
y cerca de morir, con las pestañas
quemadas y los cuerpos desollados,
y los ojos amargos de dolor,
solo allí comprendieron
que eran dioses,
que cuando el viejo Dios levantó la columna
de fuego y maldición, la espada ígnea,
allí murió el antiguo,
el maldiciente,
el que había cumplido y maldecía su obra,
el Dios sin nuevos frutos
había muerto y ahora
pasó el hombre a ser Dios.

Puede morir, pero debe nacer
interminablemente:
no puede huir: debe poblar la tierra,
debe poblar el mar: solo los nuevos dioses
mordieron la manzana del amor.

AQUÍ TERMINA Y COMIENZA ESTE LIBRO

Dice Rhodo: yo me consumí
en aquel reino que quise fundar
y no sabía ya que estaba solo.
Fue mi noción quebrantar esa herencia

de sangre y sociedad: deshabitarme.
Y cuando dominé la paz terrible
de las praderas, de los ventisqueros,
me hallé más solitario que la nieve.

Fue entonces: tú llegaste del incendio
y con la autoridad de tu ternura
comencé a continuarme y a extenderme.

Tú eres el infinito que comienza.

Tan simple tú, hierba desamparada
de matorral, me hiciste despertar
y yo te desperté, cuando los truenos
del volcán decidieron avisarnos
que el plazo se cumplía
yo no quise extinguirte ni extinguirme.

LAS PIEDRAS DEL CIELO

1

Se concentra el silencio
en una piedra,
los círculos se cierran,
el mundo tembloroso,
guerras, pájaros, casas,
ciudades, trenes, bosques,
la ola que repite las preguntas del mar,
el sucesivo viaje de la aurora,
llega a la piedra, nuez del cielo,
testigo prodigioso.

La piedra polvorienta en un camino
conoce a Pedro y sus antecedentes,
conoce el agua desde que nació:
es la palabra muda de la tierra:
no dice nada porque es la heredera
del silencio anterior, del mar inmóvil,
de la tierra vacía.

Allí estaba la piedra antes del viento,
antes del hombre y antes de la aurora:
su primer movimiento
fue la primera música del río.

2

Allá voy, allá voy, piedras, esperen!

Alguna vez o voz o tiempo
podemos estar juntos o ser juntos,
vivir, morir en ese gran silencio
de la dureza, madre del fulgor.

Alguna vez corriendo
por fuego de volcán o uva del río
o propaganda fiel de la frescura
o caminata inmóvil en la nieve
o polvo derribado en las provincias
de los desiertos, polvareda
de metales,
o aún más lejos, polar, patria de piedra,
zafiro helado,
antártica,
en este punto o puerto o parto o muerte
piedra seremos, noche sin banderas,
amor inmóvil, fulgor infinito,
luz de la eternidad, fuego enterrado,
orgullo condenado a su energía,
única estrella que nos pertenece.

GEOGRAFÍA INFRUCTUOSA

SOLILOQUIO INCONCLUSO

Al azar de la luz
de la distancia,
me envuelvo en esto mismo, en mi razón,
en la sinceridad de mi albedrío
y cuando salgo ya a decirme adiós
me encuentro con el mismo,
con yo, con este soy que me esperaba
y que no quiere despedirse nunca.

Adiós, adiós, le digo
y toma el mismo paso que yo dejo
y recomienza con las manos mías
a buscar en la arena o en la sombra
mis propios materiales inconclusos.

Me seguí por las mesas y los mares
de jardín en jardín, de vino en vino,
sin sorprenderme de mi identidad:
envidiándome a veces, despreciándome,
sin justificativo ni evidencia:
empeñado en la más oscura sal,
teñido por amargas circunstancias
y tan lleno y tan harto de mí mismo

que entré en los otros transitoriamente
como en una estación de tantos trenes
que uno toma el de ayer, el que no existe.

No es raro que ante el hombre, el uno solo,
multiplicado, longitudinal,
el que acumula sol en su granero,
luna extendida, espadas torrenciales,
el viajero hacia donde y hacia adentro,
siempre en su ser, resplandeciente y duro,
el hombre que seré, que fui, que soy,
ante el perecedero imperecible
se pare el más reciente
con un hueso sarnoso en el hocico
y teleladre algún chacal precario,
encadenado a su amargura amarga.

De mar a mediodía hay un transcurso
que no por ser destello es inasible
sino por ser fragancia:
olor del tiempo, estrella enardecida
por las repeticiones de la espuma
y en ese cascabel descabellado
sigo siendo mi próximo testigo.

No solo son los ojos
los que integran
la infinita limpieza, el sano cielo,
los matorrales, la salud silvestre,
sino el ir y venir de tus trabajos:
y este recomenzarte cada día,
alcanzarte cansado y renacerte,
vivirte una vez más y continuarte
volcando sombra y sangre, tierra y tierra
en lo que te tocó para sembrar,

para cavar y para cosechar,
para parir y para continuar
tu ayer y tu seguir en este mundo.

CEREZAS

Sucedió en ese mes y en esa patria.

Aquello que pasó fue inesperado,
pero así fue: de un día al otro día
aquel país se llenó de cerezas.

Era recalcitrante
el tiempo masculino desollado
por el beso polar: nadie supone
lo que yo recogía en las tinieblas
(metales muertos, huesos de volcanes)
(silencios tan oscuros
que vendaban los ojos de las islas)
y ya entre los peñascos
se dio por descontado el laberinto
sin más salida que la nieve
cuando llegó sin advertencia previa
un viento de panales que traía
el color que buscaban las banderas.

De cereza en cereza cambia el mundo.

Y si alguien duda
pido a quien corresponda que examinen
mi voluntad, mi pecho transparente,
porque aunque el viento se llevó el verano
dispongo de cerezas escondidas.

PERO TAL VEZ

Sí, no se altera nada pero tal vez se altera
algo, una brizna, el aire, la vida, o en fin, todo,
y cuando ya cambió todo ha cambiado,
se ha ido uno también, con nombre y huesos.

Bien, bien, un día más: qué grande es esto:
como saltar en un nuevo vacío
o en otros unos más, en otro
reino de pasajeros: el asunto
nunca termina cuando ha terminado
y cuando comenzó no estás presente.

Y por qué tanta flor, tanto linaje
vegetal extendido, levantando
pistilos, polen, luz, insectos, luna
y nuestros pies y nuestras bocas llenas
de palabras, de polvo
perecedero,
aquí embarcados, aquí desarrollados
a plena deliciosa luz de cielo?

Y por qué? Para qué? Pero por qué?

PAÍS

Yo vivo ahora en un país tan suave
como la piel otoñal de las uvas:
verde blanco y violeta es este tiempo:
el sol se fue hace rato y no regresa:
los árboles desnudos se dibujan
levantando el fulgor penúltimo en sus copas:

la voz de los poetas corre por las alfombras:
nada se clava en tus ojos para herirte:
nadie desobedece a la dulzura.

Yo habito ahora la delicadeza
de grandes ríos inmóviles, de riberas
pintadas por los años más claros y tenaces:
todos los dramas se terminaron antes:
las guerras se enterraron por un pacto
entre el honor y el olvido:
nadie tiene derecho al martirio ni al hambre:
hay que entrar a la casa dorada del otoño.

FELICIDAD

Sin duda, sí, contesto
sin que nadie pregunte y me pregunte:
lo bueno es ya sin interrogaciones,
sin compromiso, responder
a nuestra sombra lenta y sucesiva.

Sí, en este tiempo mío, en esta historia
de puerta personal, acumulé
no el desvarío sino la nostalgia
y la enterré en la casa de cemento:
duelo o dolor de ayer no me acompañan
porque no solo se mueren los huesos,
la piel, los ojos, la palabra, el humo,
sino también el llanto devorado
por las sesenta bocas de la vida.

Así de lo que de uno en otro sitio
guardé —tristeza o súbita amargura—

la devolví cual pesca temblorosa
al mar, al mar, y me acosté desnudo.

Esta es la explicación de mi ventura:
yo tengo el sueño duro de la piedra.

DEFECTOS ESCOGIDOS

CABEZA A PÁJAROS

El caballero Marcenac
vino a verme al final del día
con más blancura en la cabeza
llena de pájaros aún.

Tiene palomas amarillas
adentro de su noble cráneo,
estas palomas le circulan
durmiendo en el anfiteatro
de su palomar cerebelo,
y luego el ibis escarlata
pasea sobre su frente
una ballesta ensangrentada.

Ay qué opulento privilegio!

Llevar perdices, codornices,
proteger faisanes vistosos
plumajes de oro que rehúyen
la terrenal cohetería,
pero además gorriones, aves
azules, alondras, canarios,
y carpinteros, pechirrojos,
bulbules, diucas, ruiseñores.

Adentro de su clara cabeza
que el tiempo ha cubierto de luz
el caballero Marcenac
con su celeste pajarera
va por las calles. Y de pronto
la gente cree haber oído
súbitos cánticos salvajes
o trinos del amanecer,
pero como él no lo sabe
sigue su paso transeúnte
y por donde pasa lo siguen
pálidos ojos asustados.

El caballero Marcenac
ya se ha dormido en Saint-Denis:
hay un gran silencio en su casa
porque reposa su cabeza.

EL INCOMPETENTE

Nací tan malo para competir
que Pedro y Juan se lo llevaban todo:
las pelotas,
las chicas,
las aspirinas y los cigarrillos.

Es difícil la infancia para un tonto
y como yo fui
siempre más tonto que los otros tontos
me birlaron los lápices, las gomas
y los primeros besos de Temuco.

Ay, aquellas muchachas!
Nunca vi unas princesas como ellas,

eran todas azules o enlutadas,
claras como cebollas, como el nácar,
manos de precisión, narices puras,
ojos insoportables de caballo,
pies como peces o como azucenas.

Lo cierto es que yo anduve
esmirriado y cubriendo con orgullo
mi condición de enamorado idiota,
sin atreverme a mirar una pierna
ni aquel pelo detrás de la cabeza
que caía como una catarata
de aguas oscuras sobre mis deseos.

Después, señores, me pasó lo mismo
por todos los caminos donde anduve,
de un codazo o con dos ojos fríos
me eliminaban de la competencia,
no me dejaban ir al comedor,
todos se iban de largo con sus rubias.

Y yo no sirvo para rebelarme.

Esto de andar luciendo
méritos o medallas escondidas,
nobles acciones, títulos secretos,
no va con mi pasmada idiosincrasia:
yo me hundo en mi agujero
y de cada empujón que me propinan
retrocediendo en la zoología
me fui como los topos, tierra abajo,
buscando un subterráneo confortable
donde no me visiten ni las moscas.

Esa es mi triste historia
aunque posiblemente menos triste
que la suya, señor,
ya que también posiblemente pienso,
pienso que usted es aun más tonto todavía

PARODIA DEL GUERRERO

Y qué hacen allá abajo?
Parece que andan todos ocupados,
hirviendo en sus negocios.

Allá abajo, allá abajo,
allá lejos,
andan tal vez estrepitosamente,
de aquí no se ve mucho,
no les veo las bocas,
no les veo
detalles, sonrisas
o zapatos derrotados.
Pero, por qué no vienen?
Dónde van a meterse?

Aquí estoy, aquí estoy,
soy el campeón mental de ski, de box,
de carrera pesada,
de alas negras,
soy el verdugo,
soy el sacerdote,
soy el más general de las batallas,
no me dejen,
no, por ningún motivo,
no se vayan,
aquí tengo un reloj,

tengo una bala,
tengo un proyecto de guerrilla bancaria,
soy capaz de todo,
soy padre de todos ustedes,
hijos malditos:
qué pasa,
me olvidaron?

Desde aquí arriba los veo:
qué torpes son sin mis pies,
sin mis consejos,
qué mal se mueven en el pavimento,
no saben nada del sol,
no conocen la pólvora,
tienen que aprender a ser niños,
a comer, a invadir,
a subir las montañas,
a organizar los cuadernos,
a matarse las pulgas,
a descifrar el territorio,
a descubrir las islas.

Ha terminado todo.

Se han ido por sus calles a sus guerras,
a sus indiferencias, a sus camas.
Yo me quedé pegado
entre los dientes de la soledad
como un pedazo de carne mascada,
como el hueso anterior
de una bestia extinguida.
No hay derecho! Reclamo
mi dirección zonal, mis oficinas,
el rango que alcancé en el regimiento,
en la cancha de los peloteros,

y no me resigno a la sombra.

Tengo sed, apetito de la luz,
y solo trago sombra.

OTRO CASTILLO

No soy, no soy el ígneo,
estoy hecho de ropa, reumatismo,
papeles rotos, citas olvidadas,
pobres signos rupestres
en lo que fueron piedras orgullosas.

En qué quedó el castillo de la lluvia,
la adolescencia con sus tristes sueños
y aquel propósito entreabierto
de ave extendida, de águila en el cielo,
de fuego heráldico?

No soy, no soy el rayo
de fuego azul, clavado como lanza
en cualquier corazón sin amargura.

La vida no es la punta de un cuchillo,
no es un golpe de estrella,
sino un gastarse adentro de un vestuario,
un zapato mil veces repetido,
una medalla que se va oxidando
adentro de una caja oscura, oscura.

No pido nueva rosa ni dolores,
ni indiferencia es lo que me consume,
sino que cada signo se escribió,
la sal y el viento borran la escritura

y el alma ahora es un tambor callado
a la orilla de un río, de aquel río
que estaba allí y allí seguirá siendo.

EL GRAN ORINADOR

El gran orinador era amarillo
y el chorro que cayó
era una lluvia color de bronce
sobre las cúpulas de las iglesias,
sobre los techos de los automóviles,
sobre las fábricas y los cementerios,
sobre la multitud y sus jardines.

Quién era, dónde estaba?

Era una densidad, líquido espeso
lo que caía
como desde un caballo
y asustados transeúntes
sin paraguas
buscaban hacia el cielo,
mientras las avenidas se anegaban
y por debajo de las puertas
entraban los orines incansables
que iban llenando acequias, corrompiendo
pisos de mármol, alfombras,
escaleras.

Nada se divisaba. Dónde
estaba el peligro?

Qué iba a pasar en el mundo?

El gran orinador desde su altura
callaba y orinaba.

Qué quiere decir esto?

Soy un simple poeta,
no tengo empeño en descifrar enigmas,
ni en proponer paraguas especiales.

Hasta luego! Saludo y me retiro
a un país donde no me hagan preguntas.

2000

LOS INVITADOS

Y nosotros los muertos, los escalonados en el tiempo,
sembrados en cementerios utilitarios y arrogantes
o caídos en hueseras de pobres bolivianos,
nosotros, los muertos de 1925, 26,
33, 1940, 1918, mil novecientos cinco,
mil novecientos mil, en fin, nosotros,
los fallecidos antes de esta estúpida cifra
en que ya no vivimos, qué pasa con nosotros?

Yo, Pedro Páramo, Pedro Semilla, Pedro Nadie,
es que no tuve derecho a cuatro números y a la
    resurrección?
Yo quiero ver a los resurrectos para escupirles la cara,
a los adelantados que están a punto de caer
en aviones, ferrocarriles, en las guerras del odio,
los que apenas tuvieron tiempo de nacer y presentar
armas al nuevo siglo y quedarán tronchados,
pudriéndose en la mitad de los festejos y del vino!

Quiero salir de mi tumba, yo muerto, por qué no?

Por qué los prematuros van a ser olvidados?
Todos son invitados al convite!

Es un año más, es un siglo más, con muertos y vivos,
y hay que cuidar el protocolo, poner no solo la vida,
sino las flores secas, las coronas podridas, el silencio,
porque el silencio tiene derecho a la hermosura
y nosotros, diputados de la muerte,
queremos existir un solo minuto florido
cuando se abran las puertas del honor venidero!

CELEBRACIÓN

Pongámonos los zapatos, la camisa listada,
el traje azul aunque ya brillen los codos,
pongámonos los fuegos de bengala y de artificio,
pongámonos vino y cerveza entre el cuello y los pies,
porque debidamente debemos celebrar
este número inmenso que costó tanto tiempo,
tantos años y días en paquetes,
tantas horas, tantos millones de minutos,
vamos a celebrar esta inauguración.

Desembotellemos todas las alegrías resguardadas
y busquemos alguna novia perdida
que acepte una festiva dentellada.
Hoy es. Hoy ha llegado. Pisamos el tapiz
del interrogativo milenio. El corazón, la almendra
de la época creciente, la uva definitiva
irá depositándose en nosotros,
y será la verdad tan esperada.

Mientras tanto una hoja del follaje
acrecienta el comienzo de la edad:
rama por rama se cruzará el ramaje,
hoja por hoja subirán los días
y fruto a fruto llegará la paz:

el árbol de la dicha se prepara
desde la encarnizada raíz que sobrevive
buscando el agua, la verdad, la vida.

Hoy es hoy. Ha llegado este mañana
preparado por mucha oscuridad:
no sabemos si es claro todavía
este mundo recién inaugurado:
lo aclararemos, lo oscureceremos
hasta que sea dorado y quemado
como los granos duros del maíz:
a cada uno, a los recién nacidos,
a los sobrevivientes, a los ciegos,
a los mudos, a los mancos y cojos,
para que vean y para que hablen,
para que sobrevivan y recorran,
para que agarren la futura fruta
del reino actual que dejamos abierto
tanto al explorador como a la reina,
tanto al interrogante cosmonauta
como al agricultor tradicional,
a las abejas que llegan ahora
para participar en la colmena
y sobre todo a los pueblos recientes,
a los pueblos crecientes desde ahora
con las nuevas banderas que nacieron
en cada gota de sangre o sudor.

Hoy es hoy y ayer se fue, no hay duda.

Hoy es también mañana, y yo me fui
con algún año frío que se fue,
se fue conmigo y me llevó aquel año.

De esto no cabe duda. Mi osamenta
consistió, a veces, en palabras duras
como huesos al aire y a la lluvia,
y pude celebrar lo que sucede
dejando en vez de canto o testimonio
un porfiado esqueleto de palabras.

ELEGÍA

1

Con la primera nieve
de la Revolución, la nieve roja,
la pintura se fue con sus naranjas.
Vivió desenredando
sus cubos prodigiosos
en Berlín, en París, en Londres negro,
maduró en todas partes en su exilio,
iluminó con su contacto eléctrico
los muros extranjeros,
todo fue anaranjado
por la imaginería
de judíos y rusos transmigrados
que hicieron relucir otras estrellas.

Mientras tanto Moscú guardó en su caja,
en el *Manège* de las caballerizas,
una pintura muerta, los desvanes
de la pequeña burguesía, los
retratos de héroes y caballos
tan delicadamente bien pintados,
tan heroicos, tan justos, tan sagrados
como estampas de libros religiosos
en antesalas de hospital, gastados

por la rutina de pintores muertos
que continuaron vivos todavía.

Ay, pero la pintura
transmigrante, irreal, imaginaria,
la naranja central, la poesía,
volverá a su morada maternal,
a su casa de nieve.

2

Alberto, el toledano,
entre árbol y escultor, cara de hueso,
llegó de aquel exilio
procesional de España y de sus guerras,
y aquí otra vez viví con sus quimeras:
su monumento a la Bandera Roja,
aguja heroica, obelisco futuro,
creyó ver en la Plaza de Moscú
clavando hasta la altura de la gloria
el triunfo gigantesco.
Pero el falso realismo
condenó sus estatuas al silencio,
mientras abominables, bigotudas
estatuas plateadas o doradas,
se implantaban en plantas y jardines.

Volví a hablar como ayer, como en España
con él, con sus fantasmas toledanos.

Mi grande Alberto, hambriento
de su dura Castilla natalicia,
fabulador, mitólogo, magnético,
inventor de las formas, panadero,

por qué tú te tenías que morir,
tú también con tu cara de martillo
y tu gran corazón de pan silvestre?

3

Evtuchenko es un loco,
es un *clown*,
así dicen con boca cerrada.
Ven, Evtuchenko,
vamos a no conversar,
ya lo hemos hablado todo
antes de llegar a este mundo,
y hay en tu poesía
rayos de luna nueva,
pétalos electrónicos,
locomotoras,
lágrimas,
y de cuando en cuando, hola!
arriba! abajo!
tus piruetas, tus altas acrobacias.
Y por qué no un payaso?

Nos faltan en el mundo
Napoleón, un *clown* de las batallas
(perdido más tarde en la nieve),
Picasso, *clown* del cosmos,
bailando en el altar
de los milagros,
y Colón, aquel payaso triste
que humillado en todas las pistas
nos descubrió hace siglos.

Solo al poeta no quieren dejarlo,

quieren robarle su pirueta,
quieren quitarle su salto mortal.

Yo lo defiendo
contra los nuevos filisteos.
Adelante Evtuchenko,
mostremos en el circo
nuestra destreza y nuestra tristeza,
nuestro placer de jugar con la luz
para que la verdad relampaguee
entre sombra y sombra.
Hurrah!
ahora entremos,
que se apague la sala y con un reflector
alúmbrennos las caras
para que así puedan ver
dos alegres pájaros
dispuestos a llorar con todo el mundo.

4

Aquí el cristal es agua dura
de los montes soviéticos, este leño,
este acero nupcial de los cuchillos,
esta parábola de las cucharas,
este pan que florece como rosa,
estas frutas moradas, el arroz
que se multiplicó como la luz,
todo lo crea y lo reparte un pueblo,
un octubre difícil y desnudo
que asumió una verdad desconocida
que creció tan fragante y numerosa
que se extendió hasta todos los hambrientos
llenando el mundo de panaderías.

Muchas veces nevada
la Plaza Roja, o limpia
al sol, abierta, bajo los ladrillos
anaranjados de los viejos muros.

El sepulcro
de oscura piedra roja
tiene como una almendra el cuerpo frágil
de un hombre, y hace bien la piedra dura
resguardando la frente de marfil,
las delicadas piernas y los pies
que cambiaron los pasos de la historia,
y allí vienen de lejos a mirarlo
como si alguna estrella de la noche
aquí recién caída sostuviera
al frágil constructor de la grandeza.

5

Aire de Europa y aire de Asia
se encuentran, se rechazan,
se casan, se confunden
en la ciudad del límite:
llega el polvo carbónico de Silesia,
la fragancia vinícola de Francia,
olor a Italia con cebollas fritas,
humo, sangre, claveles españoles,
todo lo trae el aire, la ventisca
de tundra y taiga bailan en la estepa,
el aire siberiano, fuerza pura,
viento de astro silvestre,
el ancho viento que hasta los Urales
con manos verdes como malaquita
plancha los caseríos, las praderas,

guarda en su centro un corazón de lluvia,
se desploma en arcángeles de nieve.

6

Porque yo, clásico de mi araucanía,
castellano de sílabas, testigo
del Greco y su familia lacerada,
yo, hijo de Apollinaire o de Petrarca,
y también yo, pájaro de San Basilio,
viviendo entre las cúpulas burlescas,
elaborados rábanos, cebollas
del huerto bizantino, apariciones
de los íconos en su geometría
yo que soy tú me abrazo a las herencias
y a las adquisiciones celestiales:
yo y tú, los que vivimos en el límite
del mundo antiguo y de los nuevos mundos
participamos con melancolía
en la fusión de los vientos contrarios,
en la unidad del tiempo que camina.

La vida es el espacio en movimiento.

EL MAR Y LAS CAMPANAS

REGRESANDO

Yo tengo tantas muertes de perfil
que por eso no muero,
soy incapaz de hacerlo,
me buscan y no me hallan
y salgo con la mía,
con mi pobre destino
de caballo perdido
en los potreros solos
del sur del Sur de América:
sopla un viento de fierro,
los árboles se agachan
desde su nacimiento:
deben besar la tierra,
la llanura:
llega después la nieve
hecha de mil espadas
que no terminan nunca.
Yo he regresado
desde donde estaré,
desde mañana viernes,
yo regresé
con todas mis campanas
y me quedé plantado

buscando la pradera,
besando tierra amarga
como el arbusto agachado.
Porque es obligatorio
obedecer al invierno,
dejar crecer el viento
también dentro de ti,
hasta que cae la nieve,
se unen el hoy y el día,
el viento y el pasado,
cae el frío,
al fin estamos solos,
por fin nos callaremos.
Gracias.

[CUANDO YO DECIDÍ QUEDARME CLARO]

Cuando yo decidí quedarme claro
y buscar mano a mano la desdicha
para jugar a los dados,
encontré la mujer que me acompaña
a troche y moche y noche,
a nube y a silencio.

Matilde es esta,
esta se llama así
desde Chillán,
y llueva
o truene o salga
el día con su pelo azul
o la noche delgada,
ella,
dele que dele,
lista para mi piel,

para mi espacio,
abriendo todas las ventanas del mar
para que vuele la palabra escrita,
para que se llenen los muebles
de signos silenciosos,
de fuego verde.

[NO UN ENFERMIZO CASO, NI LA AUSENCIA]

No un enfermizo caso, ni la ausencia
de la grandeza, no,
nada puede matar nuestro mejor,
la bondad, sí señor, que padecemos:
bella es la flor del hombre, su conducta
y cada puerta es la bella verdad
y no la susurrante alevosía.

Siempre saqué de haber sido mejor,
mejor que yo, mejor de lo que fui,
la condecoración más taciturna:
recobrar aquel pétalo perdido
de mi melancolía hereditaria:
buscar una vez más la luz que canta
dentro de mí, la luz inapelable.

[SÍ, CAMARADA, ES HORA DE JARDÍN]

Sí, camarada, es hora de jardín
y es hora de batalla, cada día
es sucesión de flor o sangre:
nuestro tiempo nos entregó amarrados
a regar los jazmines
o a desangrarnos en una calle oscura:

la virtud o el dolor se repartieron
en zonas frías, en mordientes brasas,
y no había otra cosa que elegir:
los caminos del cielo,
antes tan transitados por los santos,
están poblados por especialistas.

Ya desaparecieron los caballos.

Los héroes van vestidos de batracios,
los espejos viven vacíos
porque la fiesta es siempre en otra parte,
en donde ya no estamos invitados
y hay pelea en las puertas.

Por eso es este el llamado penúltimo,
el décimo sincero
toque de mi campana:
al jardín, camarada, a la azucena,
al manzano, al clavel intransigente,
a la fragancia de los azahares,
y luego a los deberes de la guerra.

Delgada es nuestra patria
y en su desnudo filo de cuchillo
arde nuestra bandera delicada.

RAMA

Una rama de aromo, de mimosa,
fragante sol del entumido invierno,
compré en la feria de Valparaíso
y seguí con aromo y con aroma
hasta Isla Negra.

Cruzábamos la niebla,
campos pelados, espinares duros,
tierras frías de Chile
(bajo el cielo morado
la carretera muerta).

Sería amargo el mundo
en el viaje invernal, en el sinfín,
en el crepúsculo deshabitado,
si no me acompañara cada vez,
cada siempre,
la sencillez central
de una rama amarilla.

ESPEREMOS

Hay otros días que no han llegado aún,
que están haciéndose
como el pan o las sillas o el producto
de las farmacias o de los talleres:
hay fábricas de días que vendrán:
existen artesanos del alma
que levantan y pesan y preparan
ciertos días amargos o preciosos
que de repente llegan a la puerta
para premiarnos con una naranja
o para asesinarnos de inmediato.

[AHÍ ESTÁ EL MAR? MUY BIEN, QUE PASE]

Ahí está el mar? Muy bien, que pase.
Dadme
la gran campana, la de raza verde.

No, esa no es, la otra, la que tiene
en la boca de bronce una ruptura,
y ahora, nada más, quiero estar solo
con el mar principal y la campana.
Quiero no hablar por una larga vez,
silencio, quiero aprender aún,
quiero saber si existo.

FINAL

Matilde, años o días
dormidos, afiebrados,
aquí o allá,
clavando,
rompiendo el espinazo,
sangrando sangre verdadera,
despertando tal vez
o perdido, dormido:
camas clínicas, ventanas extranjeras,
vestidos blancos de las sigilosas,
la torpeza en los pies.

Luego estos viajes
y el mío mar de nuevo:
tu cabeza en la cabecera,

tus manos voladoras
en la luz, en mi luz,
sobre mi tierra.

Fue tan bello vivir
cuando vivías!

El mundo es más azul y más terrestre
de noche, cuando duermo
enorme, adentro de tus breves manos.

EL CORAZÓN AMARILLO

FILOSOFÍA

Queda probada la certeza
del árbol verde en primavera
y de la corteza terrestre:
nos alimentan los planetas
a pesar de las erupciones
y el mar nos ofrece pescados
a pesar de sus maremotos:
somos esclavos de la tierra
que también es dueña del aire.

Paseando por una naranja
me pasé más de una vida
repitiendo el globo terrestre:
la geografía y la ambrosía:
los jugos color de jacinto
y un olor blanco de mujer
como las flores de la harina.

No se saca nada volando
para escaparse de este globo
que te atrapó desde nacer.
Y hay que confesar esperando
que el amor y el entendimiento

vienen de abajo, se levantan
y crecen dentro de nosotros
como cebollas, como encinas,
como galápagos o flores,
como países, como razas,
como caminos y destinos.

INTEGRACIONES

Después de todo te amaré
como si fuera siempre antes
como si de tanto esperar
sin que te viera ni llegaras
estuvieras eternamente
respirando cerca de mí.

Cerca de mí con tus costumbres
con tu color y tu guitarra
como están juntos los países
en las lecciones escolares
y dos comarcas se confunden
y hay un río cerca de un río
y dos volcanes crecen juntos.

Cerca de ti es cerca de mí
y lejos de todo es tu ausencia
y es color de arcilla la luna
en la noche del terremoto
cuando en el terror de la tierra
se juntan todas las raíces
y se oye sonar el silencio
con la música del espanto.
El miedo es también un camino.
Y entre sus piedras pavorosas

puede marchar con cuatro pies
y cuatro labios, la ternura.

Porque sin salir del presente
que es un anillo delicado
tocamos la arena de ayer
y en el mar enseña el amor
un arrebato repetido.

MAÑANA CON AIRE

Del aire libre prisionero
va un hombre a media mañana
como un globo de cristal.
Qué puede saber y conocer
si está encerrado como un pez
entre el espacio y el silencio,
si los follajes inocentes
le esconden las moscas del mal?

Es mi deber de sacerdote,
de geógrafo arrepentido,
de naturalista engañado,
abrir los ojos del viajero:

me paro en medio del camino
y detengo su bicicleta:

Olvidas, le digo, villano,
ignorante lleno de oxígeno,
el tugurio de las desdichas
y los rincones humillados?

Ignoras que allí con puñal,
acá con garrote y pedrada,
más allá con revólver negro
y en Chicago con tenedor
se asesinan las alimañas,
se despedazan las palomas
y se degüellan las sandías?

Arrepiéntete del oxígeno,
dije al viajero sorprendido,
no hay derecho a entregar la vida
a la exclusiva transparencia.

Hay que entrar en la casa oscura,
en el callejón de la muerte,
tocar la sangre y el terror,
compartir el mal espantoso.

El transeúnte me clavó
sus dos ojos incomprensivos
y se alejó en la luz del sol
sin responder ni comprender.

Y me dejó —triste de mí—
hablando solo en el camino.

LA ROSA SEPARADA

1

Oh Melanesia, espiga poderosa,
islas del viento genital, creadas,
luego multiplicadas por el viento.

De arcilla, bosques, barro, de semen que volaba
nació el collar salvaje de los mitos:
Polinesia: pimienta verde, esparcida
en el área del mar por los dedos errantes
del dueño de Rapa Nui, el Señor Viento.
La primera estatua fue de arena mojada,
él la formó y la deshizo alegremente.
La segunda estatua la construyó de sal
y el mar hostil la derribó cantando.
Pero la tercera estatua que hizo el Señor Viento
fue un moái de granito, y este sobrevivió.

Esta obra que labraron las manos del aire,
los guantes del cielo, la turbulencia azul,
este trabajo hicieron los dedos transparentes:
un torso, la erección del Silencio desnudo,
la mirada secreta de la piedra,
la nariz triangular del ave o de la proa
y en la estatua el prodigio de un retrato:

porque la soledad tiene este rostro,
porque el espacio es esta rectitud sin rincones,
y la distancia es esta claridad del rectángulo.

2

Cuando prolificaron los colosos
y erguidos caminaron
hasta poblar la isla de narices de piedra
y, activos, destinaron descendencia: hijos
del viento y de la lava, nietos
del aire y la ceniza, recorrieron
con grandes pies la isla:
nunca trabajó tanto
la brisa con sus manos,
el ciclón con su crimen,
la persistencia de la Oceanía.

Grandes cabezas puras,
altas de cuello, graves de mirada,
gigantescas mandíbulas erguidas
en el orgullo de su soledad,
presencias,
presencias arrogantes,
preocupadas.

Oh graves dignidades solitarias
quién se atrevió, se atreve
a preguntar, a interrogar
a las estatuas interrogadoras?

Son la interrogación diseminada
que sobrepasa la angostura exacta,
la pequeña cintura de la isla

y se dirige al grande mar, al fondo
del hombre y de su ausencia.

Algunos cuerpos no alcanzaron a erguirse:
sus brazos se quedaron sin forma aún, sellados
en el cráter, durmientes,
acostados aún en la rosa calcárea,
sin levantar los ojos hacia el mar
y las grandes criaturas de sueño horizontal
son las larvas de piedra del misterio:
aquí las dejó el viento cuando huyó de la tierra:
cuando dejó de procrear hijos de lava.

3

A nosotros nos enseñaron a respetar la iglesia,
a no toser, a no escupir en el atrio,
a no lavar la ropa en el altar
y no es así: la vida rompe las religiones
y es esta isla en que habitó el Dios Viento
la única iglesia viva y verdadera:
van y vienen las vidas, muriendo y fornicando:
aquí en la Isla de Pascua donde todo es altar,
donde todo es taller de lo desconocido,
la mujer amamanta su nueva criatura
sobre las mismas gradas que pisaron sus dioses.

Aquí, a vivir! Pero también nosotros?
Nosotros, los transeúntes, los equivocados de estrella,
naufragaríamos en la isla como en una laguna,
en un lago en que todas las distancias concluyen,
en la aventura inmóvil más difícil del hombre.

4

Volvemos apresurados a esperar nombramientos,
exasperantes publicaciones, discusiones amargas,
fermentos, guerras, enfermedades, música
que nos ataca y nos golpea sin tregua,
entramos a nuestros batallones de nuevo,
aunque todos se unían para declararnos muertos:
aquí estamos otra vez con nuestra falsa sonrisa,
dijimos, exasperados ante el posible olvido,
mientras allá en la isla sin palmeras,
allá donde se recortan las narices de piedra
como triángulos trazados a pleno cielo y sal,
allí, en el minúsculo ombligo de los mares,
dejamos olvidada la última pureza,
el espacio, el asombro de aquellas compañías
que levantan su piedra desnuda, su verdad,
sin que nadie se atreva a amarlas, a convivir con ellas,
y esa es mi cobardía, aquí doy testimonio:
no me sentí capaz sino de transitorios
edificios, y en esta capital sin paredes
hecha de luz, de sal, de piedra y pensamiento,
como todos miré y abandoné asustado
la limpia claridad de la mitología,
las estatuas rodeadas por el silencio azul.

LIBRO DE LAS PREGUNTAS

1

Si he muerto y no me he dado cuenta
a quién le pregunto la hora?

De dónde saca tantas hojas
la primavera de Francia?

Dónde puede vivir un ciego
a quien persiguen las abejas?

Si se termina el amarillo
con qué vamos a hacer el pan?

2

Dime, la rosa está desnuda,
o solo tiene ese vestido?

Por qué los árboles esconden
el esplendor de sus raíces?

Quién oye los remordimientos
del automóvil criminal?

Hay algo más triste en el mundo
que un tren inmóvil en la lluvia?

3

Qué cosa irrita a los volcanes
que escupen fuego, frío y furia?

Por qué Cristóbal Colón
no pudo descubrir a España?

Cuántas preguntas tiene un gato?

Las lágrimas que no se lloran
esperan en pequeños lagos?

O serán ríos invisibles
que corren hacia la tristeza?

4

Qué pensarán de mi sombrero,
en cien años más, los polacos?

Qué dirán de mi poesía
los que no tocaron mi sangre?

Cómo se mide la espuma
que resbala de la cerveza?

Qué hace una mosca encarcelada
en un soneto de Petrarca?

5

Y qué dijeron los rubíes
ante el jugo de las granadas?

Pero por qué no se convence
el Jueves de ir después del Viernes?

Quiénes gritaron de alegría
cuando nació el color azul?

Por qué se entristece la tierra
cuando aparecen las violetas?

6

Amor, amor aquel y aquella
si ya no son, dónde se fueron?

Ayer, ayer dije a mis ojos
cuándo volveremos a vernos?

Y cuando se muda el paisaje
son tus manos o son tus guantes?

Cuando canta el azul del agua
cómo huele el rumor del cielo?

7

El 4 es 4 para todos?
Son todos los sietes iguales?

Cuando el preso piensa en la luz
es la misma que te ilumina?

Has pensado de qué color
es el Abril de los enfermos?

Qué monarquía occidental
se embandera con amapolas?

8

Qué distancia en metros redondos
hay entre el sol y las naranjas?

Quién despierta al sol cuando duerme
sobre su cama abrasadora?

Canta la tierra como un grillo
entre la música celeste?

Verdad que es ancha la tristeza,
delgada la melancolía?

9

No será nuestra vida un túnel
entre dos vagas claridades?

O no será una claridad
entre dos triángulos oscuros?

O no será la vida un pez
preparado para ser pájaro?

La muerte será de no ser
o de sustancias peligrosas?

10

Y cómo se llama ese mes
que está entre Diciembre y Enero?

Con qué derecho numeraron
las doce uvas del racimo?

Por qué no nos dieron extensos
meses que duren todo el año?

No te engañó la primavera
con besos que no florecieron?

11

Por qué no nací misterioso?
Por qué crecí sin compañía?

Quién me mandó desvencijar
las puertas de mi propio orgullo?

Y quién salió a vivir por mí
cuando dormía o enfermaba?

Qué bandera se desplegó
allí donde no me olvidaron?

12

Si todos los ríos son dulces
de dónde saca sal el mar?

Cómo saben las estaciones
que deben cambiar de camisa?

Por qué tan lentas en invierno
y tan palpitantes después?

Y cómo saben las raíces
que deben subir a la luz?

Y luego saludar al aire
con tantas flores y colores?

Siempre es la misma primavera
la que repite su papel?